我想跟你好好聊聊

我想跟你好好聊聊

願我們跟大象一樣，用大耳朵認真傾聽，在關鍵時刻說出真心，擁抱彼此的關係

사실은 사랑받고 싶었어

作　　　　者	朴宰蓮
繪　　　　者	朴聖惠
譯　　　　者	尹嘉玄
封 面 設 計	巫麗雪
內 頁 排 版	高巧怡
行 銷 企 劃	陳慧敏、蕭浩仰
行 銷 統 籌	駱漢琦
業 務 發 行	邱紹溢
營 運 顧 問	郭其彬
特 約 編 輯	吳欣恬
責 任 編 輯	賴靜儀
總 編 輯	李亞南
出　　　　版	漫遊者文化事業股份有限公司
地　　　　址	台北市松山區復興北路331號4樓
電　　　　話	(02) 2715-2022
傳　　　　真	(02) 2715-2021
服 務 信 箱	service@azothbooks.com
網 路 書 店	www.azothbooks.com
臉　　　　書	www.facebook.com/azothbooks.read
營 運 統 籌	大雁文化事業股份有限公司
地　　　　址	台北市松山區復興北路333號11樓之4
劃 撥 帳 號	50022001
戶　　　　名	漫遊者文化事業股份有限公司
初 版 一 刷	2022年12月
定　　　　價	台幣480元

ISBN　978-986-489-727-8
有著作權‧侵害必究
本書如有缺頁、破損、裝訂錯誤，請寄回本公司更換。

사실은 사랑받고 싶었어 by 박재연, 박성혜
Copyright © 2021 by Park Jaeyeon, Park Seong Hye & HANBIT Media, Inc.
Traditional Chinese Edition Copyright © 2022 by Azoth Books Co., Ltd.
All rights reserved
Published by arrangement with HANBIT Media, Inc.
Through Shinwon Agency Co., Seoul

國家圖書館出版品預行編目 (CIP) 資料

我想跟你好好聊聊：願我們跟大象一樣，用大耳朵認真傾聽，在關鍵時刻說出真心，擁抱彼此的關係 / 朴宰蓮著；尹嘉玄譯. – 初版. – 臺北市：漫遊者文化事業股份有限公司, 2022.12
244 面；14.8×21 公分
譯自：사실은 사랑받고 싶었어
ISBN 978-986-489-727-8(平裝)
1.CST: 溝通技巧 2.CST: 人際關係
177.1　　　　　　　　　　　　　　111018212

漫遊，一種新的路上觀察學
www.azothbooks.com
漫遊者文化

大人的素養課，通往自由學習之路
www.ontheroad.today
遍路文化‧線上課程

我想跟你
好好聊聊

願我們跟大象一樣
用大耳朵認真傾聽
在關鍵時刻說出真心
擁抱彼此的關係

사실은 사랑받고 싶었어

朴宰蓮◎著　朴聖惠◎繪
尹嘉玄◎譯

讓對話成為日常的療癒

你是否有過一段不被人理解而暗自拭淚的日子？
或者就算放聲吶喊，也想把鬱悶已久的心情如實傳遞給對方？
你也有過倍感挫折，努力把委屈和眼淚往肚子裡吞的經驗嗎？

曾經，我想要擁有改變關係的能力，
也找尋過要如何贏過對方的方法，
深信祕訣就藏在「對話術」裡；
然而，直到如今我才明白，
原來真正的關係靠的不是話術，
而是發自真心。

倘若有人問我，為何要學習「對話」，
我會小心翼翼地回答，
因為在不必改變或者贏過對方的前提下，
依然可以和平幸福過生活的祕訣，
就藏在對話當中。

除此之外，改變自己內心看待對方的視角，
擴增力量去理解那些人，
甚至可以鼓起勇氣改善令人不適的情況，
往雙方都能獲利的解決方向邁進，
這些智慧也通通藏在對話當中。

如果想要提升自己的對話能力，請記住以下兩點：

第一，我們每個人都是遲早會離開人世的有限存在。
雖然活在今天，卻也同時少了一天的生命，
因此，活著（living）其實也等於死去中（dying）。
今天一早對家人說的那些傷人話語，
很可能是心愛家人人生中聽到的最後一句話。

將人類是有限存在的事實牢記在心，
可以使我們察覺生命中重要的東西，
也可以讓我們擁有如何說話與聆聽的智慧。

第二，相信自己可以選擇要展現哪種言行舉止。
聽到對方表示：「我今天好累喔。」（刺激）
我們可以心想：
「原來他今天和我一樣累，看來我們都需要好好休息。」
只要暫時冷靜思考，選擇自己要展現的反應，
就能在人際關係中光靠簡單對話創造極大差異。

試著站在內心深處，
帶著一顆好奇當下狀況的心，
練習暫停、深呼吸、選擇自己的言行吧！

大象有著一對超大的耳朵，
那是為了讓自己可以打開耳朵用心聆聽對方發言；
大象明明有嘴巴卻不明顯，
那是為了讓自己在重要時刻才開口表達內心想法。
大象是群居型動物，會共同撫養相對弱小的幼象，
但願人類都可以仿效大象，
共同照顧需要撫慰、同理之人。
讓愛與尊重成為人際關係的相處模式，
進而取代批評與暴力，
一點一滴，慢慢地，練習。

記錄我的決心

對話練習的目標

我希望可以藉由這本書，

與_____

變成 _____ 的關係。

這對於我的人生來說，

具有 _____ 的意義。

‖ 目錄 ‖

當我們聽聞某人的發言或看見其行為時（**刺激**），
不妨先暫停一下，靜靜地深呼吸。
假如能抱持一顆好奇心，嘗試思考對方的意圖（**空間**），
就會出現不同於以往的對話（**反應**），
建立你所想要的人際關係（**選擇**）。

Chapter 1

為什麼對話變得
這麼困難？

- 對話失敗的原因——自動化思考
- 認識什麼是阻斷對話的「自動化思考」
- 形成自動化思考的原因——認知扭曲
- 比想像更根深柢固的內在標準——核心信念
- 理解自動化思考、認知扭曲、核心信念之間的關係

妨礙健康對話的三要素：
不自覺浮現的一些語句（自動化思考）、
變成各種型態的扭曲思維（認知扭曲）、
定型的性格與判斷標準（核心信念）。

對話失敗的原因
——自動化思考

不是因為「人格」，而是因為「念頭」。

「我再也不要跟你說話了！」
你是否也曾脫口而出這種話，從此與對方不相往來？
這種對話只會讓彼此關係斷絕，徒留遺憾。
「謝謝你，現在我心裡舒服多了，也知道該怎麼做了。」
這種對話則會讓彼此關係增溫，給人充滿幸福的感覺。

兩者之間的差異，
來自於「瞬間浮現的念頭」。
當情況不如人意的時候，
我們會批評對方的人格或厭惡自己，
而認為必須和對方斷絕關係，
或者批評、責怪自己，並感到憂鬱。

你也想要有良好的對話關係嗎？那麼就試著轉換觀點吧！
假如想要改善人際關係、改變既有的說話模式，
希望你可以牢記這一點：
過去對話之所以會頻頻失敗，
是因為「當下不自覺一閃而過的念頭」，
亦即，自動化思考導致。

假如把失敗的理由歸咎於人格，
就不會有改善對話與人際關係的可能，
但若歸咎於自己當下一時浮現的念頭，就會出現改變的希望。

認識什麼是阻斷對話的
「自動化思考」

讓自己與對方難以產生連結的「阻斷對話模式」，
是源於六種「自動化思考」（Automatic Thought）。

這種自動化思考會透過以下六種型態展現：

－判斷
－指責
－強迫、威脅
－比較
－理所當然化
－合理化

強迫、威脅　　　比較　　　理所當然化　　　合理化

1.判斷

「那個人看不起我。」
「他是個很溫暖的人。」

這些判斷都是來自於自己的確信，
也就是自己的「框架」（frame）；
換言之，就是用自己的標準去解讀對方的發言、行為，
甚至人格「對或錯」。
每個人都有自己一套對與錯的標準，
正因為每個人的成長背景和生長環境不同，
自然會有不同標準。
這些判斷可能是正面，也可能是負面，
負面判斷甚至會導向指責對方。

2.指責

「你這個人一無是處。」

雖然指責是判斷的一種形式，
卻帶著負面解讀，
夾帶著「都是因為對方有問題、錯在對方」的思維。
由於是以「我沒有錯，都是對方的錯」為前提，
所以會認為對方受到批評指責也是理所當然的，
就算對方被貼上負面標籤也無所謂，
堅信問題是出在對方身上，
進而毫不避諱地脫口說出批評責怪的言語。

3.強迫、威脅

「最好趁我還有耐心的時候，照著我的話去做！」
「就算再難過，只有忍耐才能活下去。」

強迫或威脅，
是不惜動用暴力、武力、恐嚇，
也要讓對方有所行動。
當你深信對方要「按照你的意思」行動才正確時，
即使用盡各種會讓對方戒慎恐懼的說話方式也在所不惜。
有時，權勢者為了讓弱勢者有所行動，
會習慣用這種說話方式。
他們往往不會意識到這有多麼暴力，
只為了得到自己想要的結果而不擇手段。

4.比較

「你看看其他人，再看看自己，都不會覺得慚愧嗎？」
「他都不會這樣，為什麼偏偏只有你會？」

這種表達方式往往是用在對方沒有按照自己的意思去做時，
為了激發對方的羞恥心、促使對方改變行為而使用，
讓對方覺得自己好像做錯事，使對方有所改變。
的確，被這樣拿來做比較的人自然會感到羞愧，
但是假如從小就經常聽到這種比較式的言語，
會很難形成正面的自我肯定。

5.理所當然化

「這不是應該的嗎?」
「反正我就是個笨蛋,活該被這樣對待。」

理所當然化是指,
對自己或對方默默用
「只要是人就該這樣做」的對話方式強迫。
然而,「理所當然」的標準是極其主觀的,
因為是根據發言者的主觀框架和標準,
讓彼此產生罪惡感、無力感的常用語句。

矛盾的是,
「哪有什麼理由,本來就應該要這樣做!」這句話背後,
其實隱藏著「我無法解釋為什麼要做這件事,我也不知道,所
以不要問」的想法。

6.合理化

「我之所以會罵你，就是因為問題出在你身上。」
「只要你把事情做好，我就不會生氣了。」

合理化是透過怪罪他人、把原因歸咎於對方，
來取代反省自我、省察自己的對話方式。
這種人往往不懂得用健康的方式來表達內心罪惡感，
反而用「沒辦法，還不都是因為你惹我生氣！」
這種會在別人心中留下傷害的說話方式，
讓自己盡快擺脫當下那份不適感；
認為自己會有這種反應都是迫於情勢或是對方所致。
這種自我合理化的行為，雖然會讓自己心裡比較好過一些，
但在聽者心中，絕對會深感不快。

念頭會決定情緒與行為。

一個人的情緒和行為，
是根據擁有什麼樣的念頭而改變，
而這樣的結果，自然也會使對話方式變得不一樣。

接下來，一起看看念頭如何影響情緒。

「我不是個好父母」 → 感到內疚、不安。
「我是個沒用的人」 → 感到無力、鬱悶。

念頭也會影響行為：

。**讓人憤怒動粗**
　「這人看不起我。」 → 去找別人逞兇鬥狠，或者找當事人理論。

。**讓人逃避**
　「這次考試一定不會通過。」 → 睡過頭不去應考，或者乾脆放棄不讀書。

。**讓人什麼事都做不成**
　「連個簡報都講不好，我真沒用。」 → 腦子一片空白，無法採取任何行動。

自動化思考對於我們的發言、行為、情緒，
都會帶來諸多影響。
這樣的念頭朝向對方時，會變成攻擊，
朝向自己時，則可能變成莫大的痛苦或悲劇。
因此，人們有時會想要停止這種自動化思考，
然而，直到死前那一刻，我們應該都會持續自動化思考。

為了練習健康的對話，
需要的不是停止負面思考，
也不是努力正面思考，

重要的是練習「察覺內心自動浮現的念頭」，
無論是正面還是負面。
請務必記住這一點。

形成自動化思考的原因
——認知扭曲

先前我們提到，
判斷、指責、強迫和威脅、比較、理所當然化、合理化，
這六種說話模式，
也就是這種自動化思考下脫口而出的言語，
是阻礙健康對話的說話方式。
而認知扭曲，
正是創造這幾種自動化思考的能源、材料，
都是透過各自的經驗與學習所產生的扭曲思維。

我們的腦海裡總是充斥著各種想法，
而這些念頭會使自己痛苦是有原因的，
因為自動化思考存在許多誤判區，
是與事實有段距離的主觀判斷及想法。

同樣望著寒冬中的溜冰場，
有人會心想：
「在那裡摔倒應該會很慘。」
但也有人會想：
「要是能在那裡『咻～』地溜來溜去，應該很好玩！」

望著同樣的場景，
為何兩人腦海裡自動浮現的想法會如此不同？

因為每個人的過往經驗都不同，
透過那些經驗習得的事物也各異。

沒有誰對誰錯，
只是每個人的想法不同罷了。
但是這些念頭在與人對話時，
就很可能會用扭曲的方式表達，
這在心理學上稱為「認知扭曲」。

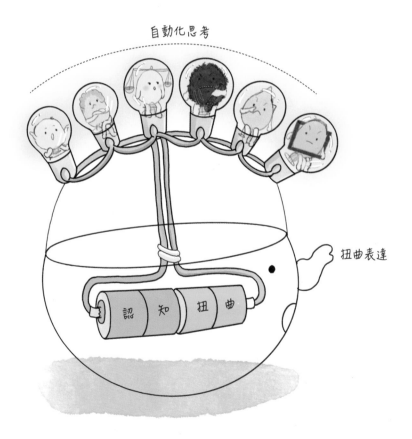

美國精神科醫師亞倫‧貝克（Aaron T. Beck），
把產生自動化思考的認知扭曲，
大略分成了十一種，
一旦陷入這些認知扭曲，
在與人對話或建立關係上就會面臨困難。

以下一起來簡單了解這十一種認知扭曲：

1. 心理過濾

在眾多資訊中只擷取其中一部分
來對整體進行判斷，認知扭曲大
多包含了心理過濾。

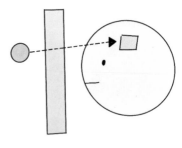

範例》金科長的簡報條理清
晰，也分析得很好，只
要再把方向補強就會更
加完美。→ 講白了就是在說我的報告做得不好嘛！

2. 二分法思考

非黑即白的思考方式，從兩個
極端面向來做判斷，不承認有
中間地帶。

範例》只要沒考第一名就什麼
都不是。

3. 以偏概全

單靠一、兩次個人經驗,就得出自己的結論,即使是不相干的情況,也導出相同結論。

範例》講話大聲的人都只顧著自己。

4. 妄下結論

在尚未確認的情況下就倉促做出結論。

範例》明明都已讀我的訊息了,卻還不回覆我。

5. 誇大或貶低

指過度放大或縮小事件的意義或重要性。

範例》書籍銷量好只是剛好運氣不錯而已。→ 縮小化

人家誇獎我領導力佳,將來我一定大有可為。

→ 誇大化

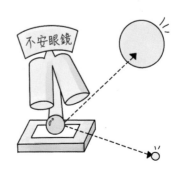

6. 情緒性偏見

在沒有現實根據的情況下所感受到的莫名情緒，並依照該情緒做出帶有偏見的結論。

範例》對孩子感到好內疚，我不是個好媽媽。

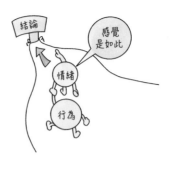

7. 應該化

用「當然」、「一定要」來強調義務性，使自己無法擁有彈性開放的思維。

範例》爸爸一定得要堅強，男兒有淚不輕彈。

8. 貼標籤

把極端且不當的名稱加諸在一個人的人格上。

範例》我是個失敗者。
　　　你是人生魯蛇。

9. 自我關連

分明是與自己無關的事情，
卻誤以為與自己有關。

範例》他們一定是覺得我很
　　　可笑，都在嘲笑我。

他們一定覺得
我很可笑！

10. 災難化

完全不考慮是否有解決對
策，直接預想最糟的情況。

範例》我都找不到對象，看
　　　來這輩子注定要孤老
　　　終生了。

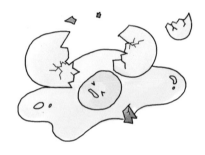

11. 讀心術

不問對方的想法，就任意揣測、斷定對方的心思。

範例》你現在一定很難過吧！光看你的
　　　表情我就知道。

不用說
我都知道

比想像更根深柢固的內在標準
──核心信念

如果說認知扭曲是創造自動化思考的能源，
那麼核心信念則是對「我」、「世界」、「自身未來」，
進行判斷、規範的固著信念。
一個人帶有的認知扭曲，
會透過無數次的經驗與學習而變得強化定型。

所謂核心信念，是一種代替「我」這個人的個體，
即使它並不是真正的「我」。
然而，只要在這種信念上添加自己的應對處理方式，
就會變成「性格」。

假如自動化思考下形成的對話，
是出自於自己有意識的狀態，
那麼，信念便是從過往經驗中，
透過深入內化的潛意識所作用。
它堅定無形地存在於我們的潛意識裡，
在我們做決定、建立關係的所有方式裡，
扮演著至關重要的角色。
有時，我們會不曉得自己為什麼會有那種感受，
為什麼會出現那種念頭，
甚至不能理解自己。

就算想要正面思考也很難辦得到，
不斷討厭或者懷疑別人，
明明沒有明確的證據，
卻總感覺被人看不起、被人利用。
人生在世，有些時候難以說明清楚，
但「總覺得」是如此，
自己會不自覺做出那樣的發言和舉動，
都是因為內在有著根深柢固的信念所致。

扭曲的核心信念，
會阻礙對話、斷絕關係。

有時會覺得自己好像是個很難搞的人，
又或者是自己說的話很容易被對方曲解。
明明沒有惡意，卻會發生一些令人難以理解的情況，
建立人際關係時會遇到困難。

像這樣逐漸疲於應對人際關係，
甚至直接斷絕關係的原因究竟是什麼？
那是因为我們在心中建構了一套孤立循環結構，
並且以扭曲的信念體系運作，
於是一個人默默深信著：
小心這個世界，不要相信任何人。
愛情是沒用的東西。
與其被人利用，不如先利用別人。
不要被人看透，那是脆弱的證據。
別人的觀感比較重要，所以先不要理會自己的需求。
不要原諒對方，有仇必報。
大家都不喜歡我。我是沒有價值的。

這些信念有如隱形眼鏡，
直接緊貼在我們的內在。
面對配戴紅色隱形眼鏡看世界的人，
就算再三強調「世界是彩色的」，也很難讓他們相信。
像這樣帶著屬於自己信念的有色眼鏡過生活，
就會用該種顏色看世界、看自己、看對方，
甚至還會用該種顏色來預想自身的未來。

情況老是變得複雜難解，
全因為內心世界裡的孤立循環結構。

假如一直戴著自己的有色眼鏡來看一切，
就會在心中形成孤立循環結構，使扭曲的信念體系開始運作，
然後逐漸鑽進最糟的情況。
以下舉例說明這段過程：

◦ **情況、刺激**

　「聯誼結束後，對方就沒和我聯絡了。」

　「但我也不敢主動與對方聯絡。」

◦ **自動化思考**

　經驗 —— 「這已經不是一兩次了。」

　特質 —— 「我本來就比較內向。」

　想法 —— 「一定又沒戲了，有誰會喜歡我呢？就連我都覺得自己
　　　　　　不怎麼樣。」

◦ **身體上的感覺、情緒認知**

　感覺 —— 全身無力、眼眶泛淚。

　情緒 —— 憂鬱又難過。

◦ **安全行為**

　迴避 —— 「再也不參加聯誼了，朋友也不再介紹對象給我。」

- 心理上的現實化

    社會自我 ──「我是自己一個人。」

    社會關係 ──「大家都不喜歡我。」

- 扭曲的核心信念

    「沒有人喜歡我，也沒有人會主動找我。」

    → 沒有意識到其實是自己在逃避與人往來。

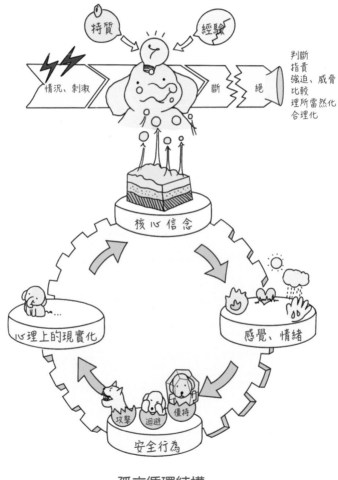

孤立循環結構

核心信念，
是決定關係與對話的重要變數。

任何人都對自己的性格有滿意或不滿意之處。
大家都說性格是難以改變的，
沒錯，性格的確難改。
有時遇到令人不適的情況，
還會突然冒出自己從未見過的怪異面貌，
我們稱這種反覆出現的行為為「性格」，
性格也可以解讀成是信念的外顯行為。

那麼，我們有信念是不好的嗎？
不！
這種信念與應對方式，
都是在那個當下為了保護、幫助自我而存在的。
因此，在你試圖消滅它之前，
應先溫暖地給予認可才對。

試著回想，你會發現，
攻擊別人所採取的某種方式，其實是為了保護自己，
逃避某件事情的方式，一定也是基於相同的理由，
屈服於對方同樣也是為了守住彼此之間的關係。

因此，我們生活至今的每個時刻、
建立的每一段關係、每一種對話方式，
都值得充分被接納，而非批評。

然而，現在該是好好尋找更為健康方法的時候了，
比逃避、爭吵、屈服等，更為健康的面對方式。

核心信念會透過對話顯現，
對話會決定一段關係的品質，
因此，以後不妨一邊學習對話，
一邊理解自然定型的信念，
溫暖軟化，體驗自身的變化。

首先，仔細觀察自己的核心信念，
趁情況尚未因心中的孤立循環結構不停運轉而變得更糟之前，
必須先逐漸擺脫那套孤立循環結構。
不要太過苛責、好好撫慰自己，
試著尋找對彼此都有利的方法。

有些人對話練習久了，性格會改變，
性格改變後，言談舉止也跟著改變，
最終，活出截然不同於以往的人生。

其第一項祕訣，
就是要先從認知覺察內心存有哪些信念開始。

試著找尋自己擁有的各種信念吧！

對話中藏有融化信念的健康治癒力量。

一旦認知自己過去一直都戴著有色眼鏡，
並且願意摘下那副眼鏡，
用自然雙眼觀察萬事萬物既有的樣子，
便能看見事物與人所帶有的各種原色。

我們的信念也一樣，
從小到大養成的堅固信念，很難一朝一夕就徹底改變，
信念是需要充分覺察、慢慢認知、漸漸軟化的。

「喔！原來我是抱持著這種信念過日子。」
「原來那個人有著那樣的信念。」
在一點一滴慢慢了解這些事情的過程中，
時而難過流淚，時而心痛憤怒。

之所以要調整不健康、扭曲的核心信念，
不是為了判斷或改變彼此，
而是為了接納自己、理解彼此的不同。
因為每個人都來自不同背景，
有著不同經驗和智慧，
憑藉這些創造出不同信念。
大部分的人多少都會帶有一些扭曲的信念，
不健康的信念會在內心不斷製造聲音，
那些聲音聽久了，就會用令人心痛的方式進行對話。

我們可以傾聽、尊重這些信念的聲音，

但也有必要重新尋覓健康的人際關係建立方法，

重新學習用健康的心聲來說話、表達。

為了將不健康的心聲調整為溫柔且堅定，

我們要學習用健康的心聲與人對話。

因此，對話不僅是一項可以修補關係的技術，

更是一段治癒內在的過程。

找找看，我的内心存在著什麼樣的核心信念。
練習發覺内在的「健康大人」吧！

1.被拋棄的信念

「最後一定只剩下自己孤單一個人，大家都會離我遠去。如果不想被人拋棄，我自己先離開，未嘗不是個好方法，否則最後只有我自己痛苦；或者，為了讓自己不要變成孤單一人，一定要做得更好。」

這種信念較強的人，
內心很容易受傷，也難以維持平常心。
其實不論是誰，就算再怎麼努力求好心切，
也很可能收到對方的離別通知或拒絕。
對方選擇拒絕，並不等於拒絕你，明白這一點非常重要，
這只是任何人都有可能經歷的事。

人生其實就是一連串反覆的相遇和離別，
因此，雖然被對方拒絕心裡難免不是滋味，
但是我們仍然可以好好哀悼、送走悲傷。
透過練習自行認知、面對孤單和不安，
進而練習完成自我、建立健康良好的人際關係，
告訴自己，兒時遭到拋棄的記憶，
只是當時的記憶而已。
人的內心不只存在幼小孩童，
也有守護自我的健壯大人。

2.不信任的信念

「我無法相信任何人，人們總是為了追求自身利益而想盡辦法利用別人，相信人是一種愚昧的想法，如果不想被人利用，就要隨時保持警戒、拴緊螺絲。」

如果是擁有這種信念的人，情緒時常會出現混亂，
因為要判斷真實還是虛假，
但又不可能在每一個當下得知答案，自然會感到茫然，
因為不相信任何人，人際關係也流於虛表。

被這項信念綁架的人，
首先要先認知一件事情——
曾經遭遇的種種虐待與不信任，
都只是與「當時那個人」的關係。
假如看見自己因為害怕被人欺負而惴惴不安，
就有必要再度溫和地學習——
世上雖有陰暗，卻也有光明，
有不信任，也有信任。

即使是對方的小小善意，也不妨試著選擇相信。
即使是對方的淺淺微笑，也用感謝的心來接納。
告訴周遭你所珍視的朋友：「我相信你們。」
並告訴他們：「謝謝你們願意相信我。」
像這樣藉由分辨不信任與信任的練習，
讓自己在日常生活中逐漸培養信賴的能力，
進而創造信任的關係。

3.情緒剝奪感的信念

「沒有人會愛我，我的需求也不可能被滿足。不會有人注意到我真正想要什麼，反正，我不可能被人重視。」

帶有此種信念的人，
通常會拐彎抹角地說：「你想辦法來滿足我啊！」
喜歡做試探性的詢問，不懂得把話說得具體。
渴望被愛、被人理解，
卻又不懂得如何透過言語或行動表達，
而那份渴望被愛、被人理解的需求就會更加受挫。
最終，這種信念會阻礙一個人體驗親密感，
於是這項信念又會變得更加強烈、更趨堅定。

因這項信念而痛苦不已的人，
即使是小事，也要告訴自己「沒關係」，多疼愛自己。
不要暗自等待別人為自己做什麼，
而是要努力靠自己滿足自我需求。
我們一定要記得，就算不靠別人，
自己也絕對擁有滿足自我需求的力量。

4.缺陷的信念

「其實我很無能，要是被人發現我的真面目，一定會對我大失所望。我這個人毫無價值，也一無是處。」

有些人，
會對於「你這個人很不錯」這句話感到很不自在，
為什麼呢？
因為內心的自信，
與對方給予的評價相距甚遠，所以會感到十分混亂。

如果這種認為自己有缺陷的信念太過強烈，
就會有比較嚴重的自卑心和比較意識，
對話中也會經常出現「比某某某……」的句型。

這種人評論起自己時總是會和其他人做比較，
而且通常都會找看起來比自己優秀的人來確認自己的無能。
這是一種使人無法接納真實自我的可怕信念。

日復一日，就算是小事情，也要記得稱讚自己，
這時，你可能會聽見內心傳來：
「任何人都做得到的事情，有什麼好稱讚的！」
這種自我貶低的聲音，
但是務必要堅定地告訴自己：
「不！不論做任何事，我本身就是個有價值的人！」
比起努力成為完美的人，
相信自己不論是什麼模樣都充分值得被愛，
才是最重要的。

5.社會性孤立的信念

「我和這群人完全合不來，格格不入。」

這種從社會上感受到的孤立感，和尷尬是兩回事，
明明隸屬於某個群體，
卻有一種「我不適合這個團體」的想法，
有點像是穿了不合腳的鞋子那種感覺，
是面對自己與周圍群體之間的關係感受。

包含那種被隔離、宛如置身孤島的感受，
在團體裡面會使自己畏怯不前、迴避行事。

當然，就算有這種信念，
表面上看起來是在健康地建立著人際關係，

但是在群體、組織、團體活動中，
這種人還是會不由自主地感到孤立，
汲汲營營於想要有所歸屬而四處漂泊。

與其強迫自己改變信念，
不如深刻認知到自己真正想要的究竟是什麼，
為了過自己想要的生活，就算再小的努力也要去做。
假如老是有一種自己與社會格格不入的感覺，
不妨在團體裡擔任一個小角色，
或向周遭人士提出可以做到的小幫忙，
練習自然融入在這些情境當中。

6.依存的信念

「我一個人做不到，希望你可以陪我一起做，幫幫我。」

只要沒有人幫忙判斷，
就會有一種什麼決定也做不了的感覺；
彷彿是在手無寸鐵的情況下，
獨自被扔到艱險戰場的那種心情。
因此會對於需要自行處理的情況深感壓力、焦慮不安。
如果是從小被大人過度保護，或者從未自行做過某件事，
抑或是相反地，
在全然放任的狀態下成長、凡事都得獨自面對的人，
就很可能持有這種信念，
冒險或挑戰就會成為人生中的障礙，
使自己無法走向更遼闊的世界，
是一種不懂得變通的信念。

試著將日常裡的小事、本該自行處理的事情寫下來，
然後從最簡單的事情開始，練習靠自己的能力處理。
這裡並非要你硬著頭皮自行處理需要拜託別人幫忙的事情，
而是要你藉由累積獨立完成事情的經驗，
來看見自己擁有自行處理事情的能力，
進而達到提升自我肯定的訓練。

7.脆弱性的信念

「日常生活中的一切都不安全，隨時隨地都有可能發生危險或災難，所以要時刻保持緊張和小心才行。」

如果自幼是在焦慮感較重的父母呵護下成長的人，
就很容易把全身精力投入在守護自身安全，
而非培養在日常中生活的力量。
雖然脆弱不全然以恐慌症狀顯現，
但恐慌症狀往往是因脆弱而引起的身體感覺，
一旦有過此類經驗，人際關係就會變得非常侷限，
因為要確保周圍人也都是安全無虞的，所以會去制約他們，
也會不自覺經常脫口而出「不可以、小心」這類提醒。

假如你也有此種信念，
就要先認知「自己此時此刻是安全的」，
並持續進行「在日常生活中冥想」的練習。

現在不妨就試著在位子上閉上眼睛，
緩緩深呼吸六次左右，這項訓練非常有用。
此外，假如周遭也有人帶著這種信念，
要記得給予理解並適時提供協助，
體諒日常性的事物對他們來說是多大威脅，
牽起他們的手並送上一抹微笑，
為順利度過今日的他們說一句：「明天也會沒事的。」

8.失敗的信念

「反正最後都會失敗，做這麼多有什麼用呢？
不管怎麼努力我就是沒有辦法成功。」

即使是小失誤，也會認知成大失敗，
有時甚至還會下意識地敷衍了事，
故意做出容易導致失敗的舉動。
然後把自己失誤的負面評價，
延伸成自身存在（愚蠢的存在）。

一旦持有這項信念，
即使自己的能力在外備受他人認可，
也會選擇從事較低階或截然不同的工作。

有句話說，成功的相反不是失敗，
而是放棄挑戰。
即使是一件微不足道的小事，
也要為自己的堅持到底或成功而喝采。
或許人生並非一場大型活動，
而是瑣碎日常的累積。

9.負面的信念

「生活就是一連串的問題與操心。」

帶有這種信念的人，
即使有好事發生，也會深信壞結果會隨之而來；
還會悲觀得解讀：好事是偶然，壞事是必然。
由於悲觀、負面的認知過於強烈，
不論做任何事情，尚未開始前就會先預想到最糟結果，
心裡才會感到安心。
這種人在別人眼中，總是充滿抱怨、不滿、擔心，
假如從小是在父母較為悲觀的家庭中長大，
就很可能會受到這樣的影響。

這種人需要的是練習接納自己的小成功，
告訴自己並非偶然，而是努力後的結果，
並為此慶祝，使自己幸福；
然後也要努力讓一起共事的夥伴，
不會因為自己的負面心理而感到疲憊；
即使是小事，也要練習對自己說：
「真高興」、「太棒了」、「會順利的」。
倘若又看見問題點，請不要鑽牛角尖，
試著著眼於其他順利的一面，藉此達到平衡。

10.特權意識的信念

「我和別人不一樣，我是特別的、例外的。」

擁有特權意識信念的人，
容易因為不顧別人的感受和立場、自私的言行，
而不曉得自己會讓別人多麼受傷、痛苦。
就算不正當也要不擇手段、貶低他人，展現自身的優越，
這種信念只會使人生走向寂寞、孤立。
由於這種人在言談之間常會夾帶權威感，往往不受歡迎，
容易使人想要遠離、不想多做交談。

如果是被這種信念綁架的人，
就有必要重新思考過去哪些不好的結果是因自身行為所致，
仔細探究看看，假如自身行為的確招來不樂見的結果，
那麼是否還值得堅守此項信念？

最重要的是，每個人都一樣珍貴、都有被尊重的權利，
也都很特別、都是世上獨一無二的存在，
這點一定要牢記在心。

11.屈服的信念

「你決定就好，我都可以，不用在意我的意見。」

如果光是說出自己想要什麼就感覺渾身不自在，
或者寧可自己吃點虧，心裡還比較舒坦的話，
請先試著暫停這樣的行為。
假如你會因為自己先認知到自我需求而對對方感到歉疚，
或者擔心害怕說出內心真實需求以後會遭受對方懲處的話，
也許是小時候有經歷過屈服於父母或照顧者權威的經驗，
或者每次選擇忍讓時，
都被大人以「很棒」、「好乖」等這種稱讚所操縱。

假如有因為這樣而感到不幸福的經驗，
就請不要再為乖乖聽話而選擇屈服，
因為唯命是從的結果不僅會讓自己不幸，
還會助長他人變本加厲，變得更為暴力。

12.抑制情緒的信念

「表現情緒是不對的，一定要理性解決。」

這種人會害怕自己遭到情緒淹沒而無法控制好行為，
認為就算認知、表達情緒也於事無補，
所以不明白為什麼要這麼做，且對此感到排斥。
另外，他們也深信，為了避免壞事發生，
就該壓抑情緒、不宜展現出來。
假如從小就在不允許自由表達的家庭中長大，
或者在發表意見時老是被挑剔而非獲得支持肯定，
就有很高的機率在內心深埋著一塊受創潰爛的情緒疙瘩。
假如這項信念非常強烈，不僅無法表達自身情緒，
還會難以認知、傾聽別人的情緒，甚至對此感到尷尬。

春夏秋冬四季變換時，心情如何呢？

雨天的心情如何？

下雪時的心情又是如何？

想到父母時是什麼心情？

此時此刻又是什麼心情？

不妨閱讀情緒感受清單（詳見第242頁）的詞彙，尋找答案。

我相信，日常生活中的小努力，

會使早已遲鈍的情緒變得較為敏感，

讓我們知道自己變得較為感性並且還活著。

13.嚴苛標準的信念

「我還不夠好，要變得更完美，成為頂尖人物。只要達成目標就會變得幸福。」

無論得到多少人的肯定，都還是認為自己不夠好，
或者小時候在父母有條件式的關愛下長大、
或者曾經有過極為慘痛的失敗經驗，
希望你可以重新檢視一下自己，是否也有著這項信念。

這項信念和「缺陷」這個詞彙有著很深的連結，
容易使人無法健康地塑造自我形象。

假如你一直堅信凡事都要完美、
必須在競爭中脫穎而出、
金錢或社經地位一定要高的話，
表示很可能受困在這項信念當中。
假如這項信念過於強烈，
與他人之間的對話會顯得冷酷無情，人際關係也容易決裂。

你需要的是對別人寬容，
試著告訴自己：
「這樣就夠了。」
「休息一下再出發！」
「今天就讓大腦放空一天，好好休息吧！」
不要老是把滿足推遲到達成目標之後，
好好認知此時此刻，把握當下幸福。

14.處罰的信念

「做錯事一定要受罰，以牙還牙。」

不可原諒。
這項信念是缺乏人性的寬恕與包容。

這種嚴酷無情不僅用在自己身上，也會套用於別人，
甚至看待社會現象時，同樣也適用，
不存在任何「試圖理解」的可能性。
在嚴格父母底下長大的孩子，這項信念就很可能非常強烈。
愈是缺乏原諒、理解、和解的經驗，
或者愈是充滿受害與未被補償的經驗，
這項信念就愈會在我們心中屹立不搖。
因此，這種人往往容易過度自責，
也會認為受處罰是理所當然之事。

其實我們真正需要的不是懲罰，
而是對自身行為負責任的態度，
以及對彼此的理解與原諒。
試著在日常生活中練習努力理解家人與朋友所犯下的失誤，
也試著練習以原諒的心去傾聽對方的道歉，
因為犯錯的人受到對方大方原諒時，
反而會深刻反省並改進。

理解自動化思考、認知扭曲、核心信念之間的關係

我們的**核心信念**，

會成為套牢關係與對話的陷阱，

讓自己在無數次的刺激中，做出衝動的言行舉止，

變得無法好好去看當下情況，

妨礙自己觀察對方的言行。

最終，自動化思考會變得更加嚴重，

在人際關係中感受到更強烈的孤立感。

一旦遇到令人不舒服的情況，就會被**自動化思考**綁架，

習慣性地用主觀角度去解讀、行動、對話。

自動化思考會依照過去自身經驗，

以及透過這些經驗學到哪些心得，

抑或是天生帶有何種特質等而有所不同，

這時，創造自動化思考的各種**認知扭曲**就會使其強化。

假如這種經驗反覆出現、與日俱增，

或者只有一次經驗卻留下深刻印象，

就會在我們內心形成無堅不摧的信念。

這些信念會透過應對方式（吵架、屈服、迴避），

顯現成生存的方式，

進而變成一個人的性格。

我們會在這樣的基礎下進行對話、建立關係。

上述這些概念已經輸入我們腦海後，接下來開始一起練習對話吧！

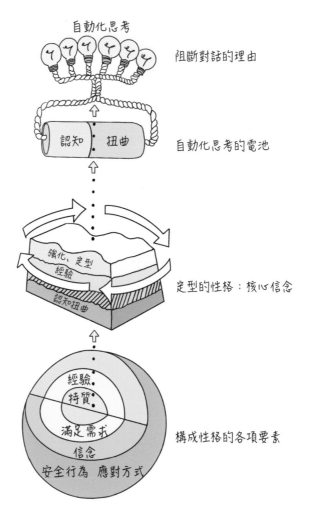

自動化思考

阻斷對話的理由

認知　扭曲

自動化思考的電池

強化、定型經驗

認知扭曲

定型的性格：核心信念

經驗

特質

滿足需求

信念

安全行為　應對方式

構成性格的各項要素

Chapter 2

**與人好好溝通
的方法**

- 區分「觀察」與「自動化思考」
- 覺察情緒與感覺，了解目前的心理狀態
- 影響言行的核心——自我需求
- 辨別「請求」與「強迫」的差異
- 練習和自己展開內在對話

若有阻斷關係的對話模式，
就有連結關係的對話要素，
讓我們一同思考有哪些要素是連結式對話所需要的。

區分「觀察」與「自動化思考」

準備好了嗎？
我們不會讓你壓抑腦中浮現的自動化思考，
反而鼓勵你把那些念頭全部挖掘出來，
而且也會讓你適時暫停一下，問問自己：
「當我產生這些想法時，看見了什麼？聽見了什麼？」

我們的念頭可能不是事實。

有時，我們會主張自己的想法是事實，
並且斷定這個想法就是真實。
然而，當我們有這種堅持時，往往就會與對方僵持不下，
事實上，我們的記憶力並沒有那麼好。

要不要回想看看？
我們有時候就連昨天吃什麼、
做了哪些事都想不起來，
只能循著記憶去推測。
因為人類的大腦本來就會忘記大部分資訊，
但是就算遺忘該項資訊，
也會記得經歷該資訊時當下的心情與感受。

因此，許多人在想起討厭的人時，
往往無法具體說出對方做了哪一件令人討厭的事情，
而是以「理由很多，但有些早就想不起來了」帶過，
因為事實與真實的資訊早已遺忘，
只剩下對那個人的情緒而已。

我們的記憶很容易被扭曲，
因此，我不會再主張自己的想法才是事實，
這種時候只要告訴對方：
「在我的記憶中是如此」即可。
當我在述說當前所見所聞時，
則會以「觀察」的名義取代「事實」。

努力去看映入眼簾的景象，
努力去聽傳入耳裡的聲音，
不去加油添醋、過分解讀，這就是觀察。

所謂觀察，
是包含試圖用客觀角度去看待行為、發言、對象，
甚至腦中浮現的想法和情緒的一種意志上的努力。

我們以照顧心靈為例。
假如以照顧心靈為前提，開始進行冥想的話，
是不是就會按照自然產生的感覺和想法、當下感受去認知？
觀察是照顧心靈的核心關鍵，也會直接套用於對話當中。
透過這項訓練，
你會發現「內心想法」為自己帶來多少痛苦，
也會了解過去自己有多少次是用心中的那把尺評斷對方、厭惡
對方。

1. 「那個人很自私。」——自動化思考
2. 「我看到他都沒問其他人意見，就直接把窗戶打開。」
   ——觀察
3. 「難怪我會認為他是自私的人。」——察覺自動化思考

第一種方式會直接斷定某人就是自私的人，
但是第二種、第三種方式會明確知道，
是自己的自動化思考將對方判斷成自私的人。

觀察是人與人對話時最重要的開端，
同時也是一種平和方法，讓對方舒服自在地加入我們的談話。

試著把想法當成是油，觀察當成是水，
兩者可以放在一起，卻永遠無法相溶，
只要練習這樣做區分即可。

區分觀察與想法，
光是做到這一點便足矣。

覺察情緒與感覺，
了解目前的心理狀態

如果說，「感覺」是自然產生的身體信號，
那麼「情緒」就是經由認知解讀後的信號。
接下來，就讓我們一同了解感覺與情緒。

感覺與情緒，就像交通號誌燈。

「感覺」是身體的信號，
我們的身體會敏感地感知到外部刺激或內部變化。

舉個例子吧！
準備去見心儀對象前，身體會感知到何種變化呢？
也許會臉紅心跳、全身發抖。

那麼，「情緒」又是什麼呢？
情緒是為身體感覺貼上我們所想的感受名稱，
比方說，對臉紅心跳的感覺貼上「興奮」、「期待」等情緒的
名稱。

因此，情緒與感覺兩者都是我們的好朋友，
是一種信號，會告訴我們目前的心理狀態，
也會告訴我們真正想要的是什麼。

以下就來進一步了解這個部分吧！

我們不會想要理解情緒，
只會按照情緒採取行動。

1.情緒會按照我們的判斷而不同

當我們已經對別人做出「喜歡」或「討厭」的判斷時，

那麼，就算面對兩種人都有同樣的感覺，也會變成不同情緒。

比方說，心儀對象正朝自己逐步靠近時、

準備去見討厭的對象時，

兩者感受到的感覺是一樣的，

都有可能會臉部漲紅、心跳加速，

然而，儘管是同一種感覺，

去見討厭的對象時，並不會感到「興奮、期待」，

反而會是「害怕、抗拒」這種截然不同的情緒。

2.情緒會依照我們想要的而不同

接下來會以「需求」來稱呼我們想要的東西。

隨著需求是否有被滿足，我們的情緒也會有所不同。

當需求被滿足時，就會產生「幸福」的情緒，

需求未被滿足時，則會產生「挫折」的情緒。

除此之外，

和喜歡的人之間想要被滿足的需求可能是「愛」，

和討厭的人之間想要被滿足的需求可能是「情緒上的安定」。

由此可見，根據我們期待的需求是否有被滿足，

產生的情緒自然也會有所不同。

因此，好好認知情緒，就會知道自己真正想要什麼，

也不會變成凡事按照情緒行動的人。

認知自身情緒，

無疑是對話練習中很重要的一項能力。

情緒是不壓抑、可調節、接納包容的。

每個人的性格和特質都不盡相同，
面對同一事件的刺激之所以會展現不同反應，
是因為人們與生俱來的「情緒敏感性」不同所致。

然而，我們每個人只要花時間練習，
就能夠控制好情緒，
不論是透過轉換念頭、呼吸冥想，
還是接納情緒等練習皆可，不要刻意去壓抑情緒。
我們將這樣的過程稱之為「情緒調節」。

情緒敏感性傾向於先天性的，所以較難控制，
但是情緒調節是可以透過我們的策略或方法進行調節；
亦即，調節情緒的能力，
會受兒時與大人之間的關係所影響，
即使年齡漸長，也能夠持續改善。
最終，**情緒調節的核心在於**，
要好好包容接納情緒，而非一味壓抑。

當一場重要發表會即將開始，
首先，認知自己「心跳正在加快」的感覺，
再認知「緊張到發抖」的情緒，
於是做了幾次深呼吸，
或者乾脆向聽眾坦言「我現在有點緊張」，

那麼，心情就會冷靜下來，也會變得比較不緊張。

因此，不要壓抑你的情緒，

察覺並且接納包容當下情緒，才是核心關鍵。

能夠對自身情緒觀察入微的人，

也會懂得用健康方式管控情緒，

在人際關係中善於表達自身立場，

所以也容易建立滿意的人際關係。

為了修復一段關係，

起點無疑是對自身情緒觀察入微，

從今以後，希望各位可以勤於練習認知並且理解感覺與情緒。

情緒是靠情況「如意」與「不如意」時，

內心所浮現的信號來練習。（參考第242頁的情緒感受清單）

情緒調節能力

訓練

影響言行的核心
——自我需求

核心需求是對話或行動時的關鍵力量。

每個人都有宛如寶石般珍貴、需要且想要的需求，
其中，「此時此刻」需要的需求，我將其稱為「核心需求」。

大部分人都會帶著一種「價值」過生活，
這份價值是做決定時的標準，
但是當下的「需求」也十分重要，
因為當下自我需求未被滿足時，就會感到不悅。

美國心理學家威廉・葛拉瑟（William Glasser）說過，
人類本就帶著基本需求誕生，
會以滿足自我需求的方式採取行動。
換言之，幫助自己做出聰明選擇來滿足各自的基本需求，
才是活出健康人生、有所改變的最終目標。

因此，在對話訓練中，

理解自我需求是最重要的一環，

之所以會脫口而出某句話，表示其中蘊藏著核心需求。

所有人的言行，

都只是為了滿足核心需求而外顯出來的表現。

滿足需求的責任在自己身上。

前述內容中有提到情緒的基礎裡隱藏著需求，
每個人都有自己心目中的理想狀態，
並且依照狀態滿意與否而產生各種情緒，
進而發現原來自己情緒的根源便是自我需求，
這也意味著，自身情緒應由自我需求來負責。

就如同自己情緒應由自我需求來負責一樣，
對方感受到的情緒也應由對方的需求來負責，
亦即，各自產生的情緒原因都存在於各自的需求裡，
這在後文談到的「生氣」章節裡，也是極為重要的概念，
請先牢記在心。

將情緒與想法區隔開來。

情緒是一種信號，告訴你內心真正的需求是什麼，
也就是說，情緒和需求是非常親密的好夥伴，
而情緒也老是想要和想法膩在一起，
這是我們長年以來的習慣所致。
如今，是該將情緒和想法做區分的時候了。

對話時，
解讀他人言行舉止的「想法」，
和內心產生的「情緒」，是有必要進行區隔的。

假設以下這種情境：
都已經開始上課了，
有個學生還在用手機玩遊戲，
老師的情緒一定是不舒服、擔憂、失望的。
因為內心有著「想要把學生教導好，也希望學生能夠配合」的
需求，
此時，情緒應該像這樣和需求湊成一對才是，
卻老是要和想法擠在一起，
變成「這位同學一定是沒把我放在眼裡，我有一種被他藐視的
感覺」。

然而，要是能按照至今所學的內容去思考，
就會發現「藐視」只是老師的自動化思考與判斷而已。

當老師產生被學生藐視的念頭時，
心中產生的情緒自然是失望、擔心的。

而能夠避免說出：「XX同學，你現在是不把老師放在眼裡
嗎？」這句話的力量，
取決於平日勤於練習認知內心需求。

「老師需要你的配合，可以把手機收起來了嗎？」
這樣的說話方式，
相信會讓學生聽起來更為舒服。

因此，當情緒產生時，要注意別讓情緒和想法連結在一起，
而是要想辦法去尋找隱藏在情緒底下猶如寶石般的需求。

站在需求角度，就能避免爭執與衝突。

明確認知心中的需求，
便能找到滿足該需求的手段和方法。
然而，為了滿足各自的需求，
堅持自己深信的「偏好手段」才是「正確」的，就會起衝突，
因為該項偏好手段通常與核心信念有很深的連結，
所以會執著於自己的手段和方法。

然而，**人與人之間的爭執並非來自雙方的需求起衝突，**
而是當雙方堅持使用不同的滿足需求手段（方法）時，
才會產生衝突。

如何才能做到理解對方呢？
我們必須先認可對方也和自己一樣正在想盡辦法努力滿足自我
的需求，
並且相信遲早會找到讓彼此雙贏的方法。

需求是寶石，對話則為尋寶遊戲。

我們常常會因為「萬一主動向對方表達自我需求，
會使對方感到有壓力或不舒服」這樣的念頭，
而希望對方可以自行察覺我們的需求並加以滿足。

於是，在這樣的成長過程中，
就會變得缺乏健康探索彼此需求的訓練，
無法體驗好好表達自我需求的人際關係。
不僅如此，對於自身的需求也逐漸遲鈍，
導致難以明確知道自己真正想要什麼。

非常清楚自我需求的人，人生總是充滿活力，
他們會很清楚知道自己為什麼要做這件事，
看待對方時，也會理解對方為什麼會有這種舉動。
反之，在人生中遺失需求寶石的人，
不僅會失去笑容，還會被該做的事追趕得精疲力竭，
因為比起為什麼想做，
更需要專注在自己該做什麼，
最後只剩下對該做之事的責任與義務，毫無喜悅可言。

探索彼此的需求，健康表達自我需求，
便能創造出幸福關係、健康對話。

請以一顆充滿期待的心，有如尋找遺失寶物般，
發掘自我需求吧！

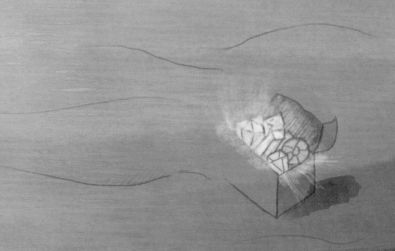

辨別「請求」與「強迫」的差異

不說出來，別人是無從得知的。

為什麼需要請求？

（請求、拜託的話術將於後面的Chapter 4再做探討。）

擁有健康自我的人，
會將提出請求和幫助視為可以與對方拉近距離的機會。
然而，許多人就算知道自己需要他人幫忙，
也不一定會具體提出請求，
而是一味地等待對方主動察覺，
對方要是沒有主動給予協助，
還會對此感到心寒、批評對方，甚至斷絕關係。

擔心被拒絕、擔心受傷、擔心自己顯得無能，
擔心對方不便、不想欠人情，
沒有請求別人的習慣等……
因為這些種種理由而不主動向對方開口。

然而，仔細想想我們過往什麼都不說，
卻期待對方主動察覺的日子，
就會發現我們不僅沒有機會與對方好好對話，
對方也對於這樣的我們感到煩悶不解。

只要我不說，對方就一定不可能知道。
請各位務必要記住：
我可以獨自做到什麼程度？
到了哪裡就需要別人幫忙？
想要自行處理哪些部分？
想和對方一起進行哪些部分？
把這些事情說出來，
這是把對方當真正人生伴侶或夥伴的尊重。

也請各位試著去相信，
大部分人只要是自己能力所及的事情，
都會想要答應對方的請求。

請求與強迫的差異在於
一個是「欣然」，一個是「勉強」。

為什麼會強迫對方？
因為認為自己有權有勢，認為「我才是對的」，
也有可能是不曉得如何用正確的方法提出請求。
這種時候，
人們通常就會選擇即使動用自身「力量」，也要改變對方。

比方說，親子之間起衝突時，
往往不是用「請求」的方式向子女提出要求事項，
而是為了讓子女按照自己的意思去做濫用了「權威」的力量。

強迫，不僅沒有考慮發言者的需求，
還帶有絕對不允許對方拒絕的強烈意志，
倘若對方拒絕，
就會讓對方難堪，
讓對方害怕，
甚至讓對方感到罪惡，
也勢必要達成自己的目標，
可說是帶有狠毒又暴力的力量。

反之，請求是展現請求者的需求，
帶有就算被對方拒絕也無所謂的開放心態，
就算對方拒絕了自己提出的請求，
也會盡量理解並接納包容對方。

在一段容許拒絕的人際關係裡，
有著深厚的信賴感與心理上的安定感，
在一段存在暴力的人際關係裡，
則有著很深的不信任、不安感與憤怒。
這便是兩者之間的核心差異。

欣然與勉強，是區分請求與強迫的關鍵字。

區分請求與強迫，
不是說話技巧，而是人際關係。

假如對方是你討厭的人，卻握有權力，
並向你提出了一項請求，
那麼，對方的請求聽在你耳裡就很可能會是困難的強迫；
反之，假如你手中握有的權力比你討厭的人大，
那麼，應該就不難以「No」來回應對方提出的請求。
另外，假如對方是你感謝或心愛的人，
那麼，你一定會把對方說的話聽成是請求，
也會欣然提供協助。

我們往往會說：
「因為對方的說話態度令人不悅，所以不想幫忙」，
但其實應該是自己早已對這個人感到厭惡所致，
就算用其他理由來解釋，
最終，只要討厭這個人，
他所提出的請求
永遠都會被我們認定為是無禮、莽撞或思慮不周的。

如果是自己真心喜歡、珍惜的人，

不論如何都會想要幫助對方，

就算真的無能為力，也會向對方說明清楚，

共同尋求其他解決對策。

因為在我們的基因裡，

都存在著想要藉由互助合作來維持健康共同體的需求，

只是在抗拒這份需求的理由當中，

存在著受傷經驗與厭惡對象罷了。

練習和自己展開內在對話

內在對話
—— 先試著在心中進行對話。

美國精神科醫生伊莉莎白・庫伯勒－羅絲（Elisabeth Kubler-Ross）
曾經說：
「要學習接觸自己內心的靜默，
並且認知到人生中發生的一切皆有其目的。」

想要與對方有順暢的對話，
請一定要時刻切記我們的人生莫不可測，
不知道何時會離開人間，
這是讓我們練習暫時靜默、進行內心對話的充分理由，
透過這樣的練習時間，
我們會培養出可以選擇自己言行的力量。

有時，我們的對話會變成噪音，
不知道自己本來要說什麼、不知道要如何聆聽，
雙方自顧自地說著，再帶著疲憊的心結束對話。

然而，
即使只是凝視彼此的溫暖眼神，
一滴眼淚、一聲深長嘆息、一抹溫柔微笑，
也都屬於對話，
因為最好的對話往往來自深層靜默。

練習靜默對話有兩個理由，
一是在內心形成的靜默對話，
更誠實，
也更安全。

二是能夠爭取到一段準備時間，進而達到清楚明瞭的溝通。

靜默對話、內在對話該怎麼做？

- 「我看到的、聽到的是什麼？」──觀察刺激
- 「現在我的心裡感受是什麼？」──情緒信號
- 「對我來說什麼才是重要的？」──探索核心需求
- 「準備好說出自己真正想要的是什麼？」──確認請求意圖

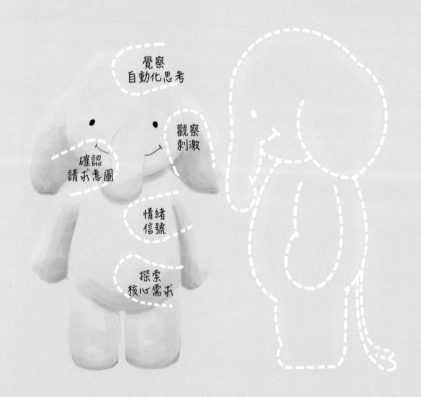

内在對話順利，外在對話自然也會順利。

1. 「我做出這樣判斷時，原來所看見、所聽見的是這些東西啊！」
2. 「我做出這種解讀時，原來是這種情緒啊！」
3. 「我之所以想要怪罪別人，原來是因為我很重視這些需求啊！」
4. 「我真正想說的話、做的行為是什麼？」

試著先和自己展開內在對話吧！

Chapter 3

保護自己
聆聽對方

- 帶著同理心聆聽對方發言
- 邊聽邊體諒對方說的惡言惡語
- 將對方惡言解讀後再傾聽

同理，是以不摻雜自我解讀的方式聆聽，
　　體諒，是翻譯成對方想要聽的話，
　　解讀，是將各自責任分開來聆聽，
那麼，現在就來練習傾聽對方的發言吧！

帶著同理心聆聽對方發言

同理，在對方的內心停留。

什麼是同理？
同理最重要的是，
不摻雜個人解讀，專心停留於對方的內心。

協助對方察覺其自動化思考、
理解自身情緒、發現自我需求，
這便是帶著同理心傾聽對方發言的目標。

傾聽，
是理解他人的最佳方法之一。

在一段幸福美好的關係中，
存在著說話直率與願意聆聽的人。
傾聽，
也許是比解決問題更重要且更深層，
因為至少有短暫片刻是發自內心全然接納對方，
努力把所有意識放在對方言談之間隱藏的情緒和需求上。
傾聽與同意是絕對截然不同的兩回事，
傾聽是一種積極參與的表現，
願意包容理解對方的想法、情緒和需求，

各位不妨試著暫停熟悉的說話習慣，
在靜默當中觀察聆聽對方所說的內容，
光是用心傾聽，就能找到解決諸多問題的線索。

慣性聆聽並不等於同理。

當你在傾聽對方發言時，
為了展現自己也能夠同理對方，
會做出各種反應或表現。

然而，原以為是同理對方的傾聽方式，
很多時候其實只是慣性反應。
以下是我們常有的慣性聆聽方式：
隨聲附和、
同情對方、
阻斷情緒、
轉換念頭、
分析並建議、
分享自身故事、
打斷對方等，諸如此類的舉動。

這些方式和全神貫注於對方內心的「同理式傾聽」截然不同，
但是這種傾聽也不見得不好，
有時分析和建議是解決問題的重要因素，
甚至優先於同理式傾聽。
儘管如此，
我們還是要練習同理式傾聽，
並且分辨是否為慣性聆聽。
那麼，同理式傾聽需要哪些技巧呢？

對方就像是充滿好奇心想要探詢的宇宙。

試著拋開自身想法，
接納對方的心緒。

同理是抱持著願意傾聽對方說話的意圖而駐足停留，
下定決心要帶著好奇心去聆聽對方說話，
願意陪伴此時此刻正在說話的對方。
有時，要我們懷著好奇心保持靜默、傾聽對方說話，
都是一件非常困難的事情，
因為一直以來，我們的努力多放在練習判斷、解決問題，
而不是暫時放下自己的想法，先聽聽看對方要說什麼。

為了達到同理式傾聽（Radical Listening），
必須先展現以下這些態度：

「我要先保持沉默，
帶著一顆好奇心去聆聽對方的發言，
放下自己的想法，
如實觀察對方所說的話並仔細聆聽。」
當你想要傾聽某人發言時，
只要試著把上面這段話念出來，就會得到莫大的幫助。

同理式傾聽怎麼進行？

1. 直到對方暫停說話為止都先保持沉默，注視對方雙眼，靜靜聆聽。

2. 針對聽到的內容做出反應或重點摘要，並反問對方自己聽到的內容是否正確。

3. 推測對方現在的情緒與核心需求，並且告知對方願意與他一同探索。

4. 詢問對方是否有安排與核心需求有關的計畫，或者有無需要幫忙的地方。

同理得到的美好結果，
是深厚的信任關係。

同理式傾聽最有用的功能，
是能夠讓說者與聽者之間的關係變好。
在「關係存摺」裡逐漸累積名為「好感與感謝」的資源，
往後便會與對方形成深厚的信任。

此外，用心傾聽對方說話，
對方也能夠更明確解決其所面臨的問題，
理解自己為什麼會有那些想法，
藉由發現自身情緒和需求，更深入了解自我，
這也意味著可以使對方專注於想要採取行動的能力。

幫助他人的核心重點，
是相信對方內心早已存在解決問題的線索，
即使我們不直接插手幫忙解決也沒問題。
因此，不要害怕同理，
用溫暖包裹住對方的心吧。
光是那份暖意，對方就能獲得力量。

邊聽邊體諒對方說的惡言惡語

體諒，是翻譯成對方想聽到的話。

我們不可能同理對方說的每一句話，
有時，有些話聽起來就是很刺耳，
原因為何？
首先，當我們體力不濟時，一定對所有事情感到厭煩，
當專注於其他事情時，一定也會難以專心聆聽。
有時甚至是想要專心聆聽對方說話也很難，
那便是「對方說的話讓我感到不舒服」時。

以下是讓人心裡不舒服的刺耳話語：

。 生氣時的氣話
。 令人歉疚的話
。 令人失落的話
。 令人難過的話
。 令人恐懼與畏縮的話
。 「自以為是」的話
。 特定對象說的「每一句話」
。 尤其討厭聽到的詞彙、語氣或行為

所謂惡言惡語，
泛指所有阻擋我們試圖同理對方為何要說那些話的言語。

他為什麼要對我說這些惡言惡語？

假如從小生長在很常遭受大人批評、攻擊的環境裡，
就會有很高的機率使用同樣語言來表達自身感受。
這種人即使想要用健康的方式表達內心感受，
也不知道該如何做。

而有過多次藉由攻擊、脅迫達到目的的人，
也就不會想要改掉這個壞習慣。
保護自己或者想要確認、凸顯自身存在感時，
也可能會把話說得過度強硬或者充滿攻擊性。

假如從小就很常聽到來自父母或師長的尖銳言語，
想要換個方式說話也不知道具體方法，
只知道即使會讓對方感到不悅也要達到自己的目的，
想要透過強烈的表達方式確認或凸顯自身存在時，
就會展現出攻擊性，
或者說出一些會讓對方受到傷害的言語。

因此，一定要記住，對方之所以會對我說一些惡言惡語，
並不是因為我有問題或做錯事。

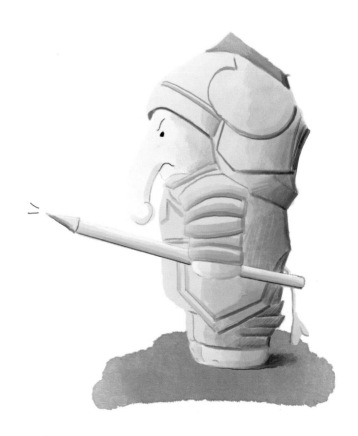

因為不懂得用「拜託」，所以才會批評！

假如說出惡言惡語的人，
是你的家人、愛人、組織團體裡不可或缺的人，
就會使你面臨既不能無視也不能爭吵的窘境。
這時，「練習用正確的態度與技巧去理解、聆聽」，
就會是一項非常重要的能力，
讓彼此的關係有機會連結，對吧？

「對方說的那些惡言惡語，其實是表達請求的另一種方式。」

當內心感到極度不適、痛苦難受時，
往往會用強烈、批評的言語跟對方說話，
但我們的內心其實是在發出懇切請求。

接下來，試著練習再一次重聽那些惡言惡語吧！

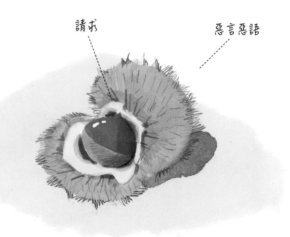

請求　　　　　　　　惡言惡語

啟動內心翻譯機，將其轉換成表達渴望的語言。

不論對方說什麼，

試著專注於隱藏在那些話語背後的意圖 —— 需求和情緒。

切記，**所謂聆聽，**

不是專注在自己的想法，而是對方的意圖。

先察覺自己一聽到惡言惡語後立刻出現的內在自動化思考，

思考對方說那些話的真正目的，究竟是請求還是感謝，

開啟內心翻譯機，將那些話轉變成對方真正想說的話，

然後更進一步地，

推測對方在說那些話時的心情、需求是什麼。

1. 察覺自動化思考：攻擊對方或批評自己的心聲。

2. 區分真實：對方是在請求還是感謝？

3. 開啟翻譯機：試著將惡言惡語轉換成表達渴望的話語。

4. 理解對方的意圖：推測其情緒與核心需求。

開啓內心翻譯機重新傾聽有什麼好處？

事實上，這段過程會消耗許多心理能量，
簡單來說，就是非常耗神的意思，
因此，光想到要這麼做就很容易產生排斥抗拒。

然而，如果將對方情緒激動的發言，
轉化成請求和真正想說的話，
就能使對方情緒回穩，變得容易對話下去。

這段過程不只是體諒對方，
也是守護珍貴人際關係的成熟方法，
同時，更是不受對方影響、保護自我的方法。
也許，健康完好的自我尊重感是要這樣守護的，
而不是築起高牆維護僅剩的自尊心。

將對方惡言解讀後再傾聽

運用社群軟體對話
早已是日常生活一大部分。

有別於親眼看著對方的面孔說話，
網路上的對話往往關係淡薄又遙遠，
因為是在不知道對方長相、姓名的狀態下對話，
所以很容易透過往來的文字訊息傷害彼此。

我們要能明確區分才行，
不應全盤接納對方的評價和看法，以為自己真的如此，
當我們無法做出明確區分時，
就會發現內心多麼容易被擊垮、陷入憂鬱。
且讓我們透過以下內容做更進一步的了解。

社群軟體對話中存在著各種制約。

一般來說，對話時，
有以下幾種可以了解彼此意圖的蒐集資訊手段：
1. 臉部表情
2. 聲音語調
3. 肢體動作
4. 說話內容
5. 理解背景情況
諸如此類的東西。

但是社群軟體對話的特徵，
是光靠「言談內容」展開對話，只憑一項資訊進行對話。
一旦協助理解的資訊減少，各自的解讀就會增加。

社群軟體是能夠將相隔兩地的我們串連起來，
既好用又開放多元陌生關係的工具；
然而，它也是一種阻礙工具，
因為資訊有限而難以確認彼此意圖。

社群軟體對話中，存在著匿名性與攻擊性。

在網路世界裡，可以輕易隱藏真實身分，
任何人都能隨時叫喚出失控的自我來使用，
我們稱這種情形為「帶著攻擊性想法進行對話」。

一直以來被壓抑的自卑自我，
可以用另一張全新面孔在匿名空間裡生活，
用扭曲的表達方式來彰顯自身優越。
換言之，可以透過暴力方式展現自身存在感；
可以隱藏真實身分，也可以創造出另一個身分，
這個便是社群軟體的爭議。

內心受傷是非常自然的事。

千萬不要因為別人隨意的一句評論而心煩意亂，
並認為這樣的自己懦弱或愚蠢。
或許我們每個人都是為了得到某人的認可而活著，
所以有時就連對方都早已遺忘的事情，
也會讓我們獨自受傷好幾年。
有些子女會因為父母根本不記得的一件事，
而一輩子怨懟父母；
有些人則是因為同事隨口說的一句玩笑話憤而離職；
朋友開的小玩笑，也很可能成為絕交的理由。
我們不妨大方承認，
你我都是想要得到他人認可的脆弱存在。

看到惡意留言而感到內心受傷，
看到聊天軟體裡的尖銳訊息而痛苦一整天，
這些都很可能是因為碰觸到現代人最脆弱的認可需求。

像這些痛苦與傷痛，究竟該如何撫慰呢？

運用智慧解讀惡意留言吧！

1.解讀，是徹底分開聆聽

對方說的話傷我很深，我該如何接納對方才好？

開發非暴力溝通的美國心理學家馬歇爾・羅森伯格（Marshall B. Rosenberg）說過，

「對方的攻擊行為並非針對我，

而是用悲劇性的方式展現其自我需求的挫敗。」

事實上，試圖理解惡意留言是沒意義的，

因為假如真要理解長期習慣使用暴力方式說話的人，

就要從對方過去的生長背景做了解，

而不是單靠理解那一行文字留言就能解決的。

換言之，運用智慧解讀惡意批評的方法，
就是直接拿起一把剪刀將那些尖刺全部剪除，
告訴對方：
「這些話聽起來比較像在說你自己，而不是說我。」

最重要的是，我們在保護自己的同時也要學習應對方法。
不能將對方說的話全盤接納；
除此之外，分辨可控與不可控之事，
也是守護我們自身的開始。

2.緊抓核心需求，不要抓住想法

內心受傷的那一瞬間，
我們可能會緊抓著受傷痛苦的想法不放，
也可能緊抓重要、受挫的需求不放。

當我們接觸到帶有攻擊性的表達時，
重要的需求有：
捍衛尊嚴、
保護自己與家人的名義與權力、
認可自身努力、
身為人所需的自由、
期盼水落石出的真相與正義等，
諸如此類的東西。

與其反覆咀嚼對方脫口而出的攻擊性言語，
不如察覺自己重視哪些核心需求，
反而能夠帶來更強烈的認知轉換。

當某人在批評別人時，
那個人一定也有其想要藉由批評來滿足的需求，
批評是對話過程中的手段而已，不會成為目的。

目的存在於需求之中，
不論任何行為，都是來自需求。

比起採取某種舉動，

比起用無視的態度，

比起想盡辦法迴避，

更明智的方法是，

當對方流露出批評想法時，我們專注在自我需求就好。

「看來是因為此時此刻我的需求未被滿足，所以才會讓我感到
如此痛苦。」

像這樣認知即可。

Chapter 4

表達內心想法的
説話方式

提出請求或拜託別人時、生氣時、抱歉時，
該怎麼做才不會違背心意，
可以好好地如實表達？
接下來就一起來思考，
必要時刻發揮用處的話術吧！

提出請求的說話方式

請求，是拜託對方實現自己的心願。

拜託他人時，
最重要的是在脫口而出請求之前，
先了解自己真正想要什麼。
假如不曉得自己真正想要的，
就會老是用模糊不清的方式強迫對方，
或者希望對方可以自行察覺，暗自期待然後又默默失望。
各位不妨仔細回想，
過去有多少次是隻字未提卻又希望對方主動幫忙的？
我們需要好好記住，
要對方自行察覺並主動幫忙，是多麼困難的一件事。

與其傷害對方，盡說些不是發自內心的話，
不如專注在自己真正想說的話，
就能明顯減少互相傷害的發言。
把隱藏在要求行為背後的自我需求表達出來，
對方就能明確了解你。
若要讓搞不清楚對方在想什麼的對話從此消失，
就要從展現自我需求開始，千萬別忘記這一點。

提出請求並非展現自身無能，
而是提供對方助人的機會。

其實人類都會有一種想要為他人展現自身能力的需求，
因為這是展現自己雖不完美卻充滿人性的機會。
因此，我們要像探索深海一樣，
藉由請求來體驗深入連結的人際關係。

提出請求時，
務必認知核心需求和彈性。

1.認知核心需求

需求＝意識自己「為什麼」（Why）偏好這項手段，是一種深層認知。

早上起床，別再習慣性地問自己：「我今天要做什麼事？」
不妨試著想想：
「我今天真正想要的是什麼？」
「今天要做什麼選擇？」

我們往往不會認知到自我需求，

反而苦惱自己該做什麼。

然而，假如試著去認知自己為什麼要做這件事 ── 需求，

就比較容易選擇是不是還要繼續去做那些下意識做過的無數種

行為。

2.彈性

要求＝如何（How）滿足自我需求的方法之一。

比方說，我正在撰寫有關對話的文章，
因為內心有著一種需求 —— 想要與人分享有用的對話方法，
所以為了滿足這項需求而決定提筆寫作，
為了把文章寫得更好而來回與編輯一起修改確認，
為了讓文字呈現得更好而與插畫師一同進行繪圖作業。
事實上，如果當初沒有獲得寫書的機會，
我也很可能會用開課的方式來滿足這份核心需求。

發現並且認知到核心需求，
這項訓練能夠幫助我們找回做某件事情的動機與欲望。
當我們真心想做某件事情時，
有時會面臨因為能力不足而需要尋求他人協助的情形，
所以最終，**需求是提出請求的最主要原因，**
而以行為為基礎的要求事項，則是實現需求的方法之一。

當自己愈能夠精準認知核心需求，
行為上的要求事項就會變得愈來愈多元且富含創意。
強迫的最大特徵是僵化性，
請求的最大特徵則是柔軟性。

即使對方拒絕我們提出的請求，
我們也會用開放的態度去接納其他的可能性，
只要需求能夠被滿足，考慮其他方法也未嘗不可，
因此，請求是心理上的柔軟度，允許自己接納各種方法。

請求也有分類型。

。為求準確而提出的反映請求
「可以把我剛才對你說的話重說一遍嗎？」

當你想要確認對方是否準確理解你說的話時，
請對方將聽到的內容複述一遍，
是非常有效的方法。
不過要注意的是，
如果經常提出這種請求，很可能會惹怒對方，
唯有在必要時使用，才能使對方集中注意你的需求。

。為求理解而提出的意見請求
「我也想聽聽你的意見，可以跟和我分享一下嗎？」

想要理解對方的心意，
或者好奇對方的想法時，
向對方提出「如有意見，歡迎告知」的請求。
通常對方在得到這種請求時，
會認為自己有被尊重的感覺，
有助於減少糾紛，朝和平解決的方向邁進；
然而，當對方回應這項請求時，
記得要套用先前所學，
「帶著同理心來聆聽對方發言」才行。

・為求清楚明瞭而提出的行為請求

「方便告訴我是否辦得到嗎？預計何時、如何完成呢？」

為了滿足自我需求而需要對方配合或協助時，
鄭重地向對方提出具體期待行為的請求方式。
此種請求方式簡單明瞭、不會語帶含糊，
不僅可以提高對方回答「YES」的機率，
還能夠幫助對方有效理解自己需要提供哪些協助。

提出請求公式＝
核心需求＋要求事項。

・如果想要對方提高執行力

如果只是一味地強調自我需求，反而容易意味不明，
讓對方不知該如何提供協助，很是難為。
或者誤以為是在強迫自己非幫忙不可，
因此，**請求中勢必得包含「要求事項」。**
當我們向某人提出請求時，
如果可以明確說出自己的要求事項，
對方更能夠精準判斷自己可否提供協助，
倘若決心要伸出援手，實際幫忙時也會更為容易。

。如果想要對方停止令人不舒服的舉動

當你向對方提出停止令人不舒服的舉動請求時，
與其指責批評對方的行為，
不如試著**改用正面、具體的方式來表達**。

「不要那麼大聲，吵死了！」
→「可以把音量調低兩格嗎？」
 （因為我現在的主要需求是希望可以專心做事。）

練習說出自己真正要什麼。

向對方提出行為請求時，以下這點請一定要牢記在心：
「這麼做是為了滿足我的需求。」

如果希望對方發自內心、欣然為你做事情，
那麼，你一定要認知到，
請求其實就是
「為了滿足自我需求而拜託對方做出具體行為」。

接下來，不妨思考看看該用何種心態提出請求，
才會讓對方願意答應你的請求？
答案是「尊重」和「謙虛」。

例如，有一名組員在你眼裡看來比較消極，
如果想要幫助他、好好指導他的話，
可以用什麼方法提出請求呢？

- 以認知核心需求取代手段、方法
  「講話大聲一點。」
  →「（需求：協助、指導）我是想要幫助你、指導你。」

- 以具體表達取代模糊表達
  「如果有困難，可以隨時來找我。」
  →「週一、週三中午我都可以和你一起吃飯。」

- 以正面語詞取代負面語詞

  「不要把話都憋在心裡，太悶了。」

  → 「開會時，我希望你可以說出自己的想法。」

- 以考量能否實現取代無理要求

  「下週會議時，你自己想辦法。」

  → 「下回和我開會時，你來試著主持看看。」

- 以問句收尾並接納拒絕取代句點和強迫

  「就這樣說定了。」

  → 「你認為如何？」

當然，就算努力用這種方式練習和家人、朋友或同事溝通，
還是有可能因為遭到對方拒絕而內心受傷，
或者對方採取批評、攻擊的手段，
這時，我們通常會用「令人火大」或「生氣」來形容心情。

因此，接下來就要來談談有關生氣這件事，
其實，生氣也是請求的過程，
因為表示「我都已經生氣了，請你明白我的心意」。

那麼，一起進入下一個章節吧！

生氣時的說話方式

生氣的心情是可以被人理解的。

如實表達內心感受其實是一種藝術，
漂亮的告白宛如一首樂曲，能夠感動人心。
但究竟該如何表達，才能充分表現內心感受呢？
不妨一起思考看看，關鍵時刻發揮作用的說話方法吧！

說實在的，我們不太會控制內心的憤怒，
生氣時，
會認為自己太像個蠢蛋而厭惡自己，
也會埋怨都是對方害的，或者責怪當下情況，
當我們用這種方式把責任推給彼此時，
會要求對方做出特定行為或言語，
這時，強迫式的對話就會展開。

為什麼會這樣呢？
因為當我們在生氣時，比起努力認知自己感受到的情緒，
反而相信一定是因為對方或某情況導致這種情緒產生，
因此更專注於盡快解決問題所致。

要不要再進一步思考看看呢？

回想過去當我們在生氣時，會出現哪些舉動和想法？

是否有動過「都是因為你」的念頭而討厭對方？

或者認為「都是我的錯，都是因為我」而討厭自己？

像這種控制負面情緒的習慣方式，

久而久之甚至會讓人逃避感受自身情緒，

因為如果把錯推給對方，

就會鼓吹自己採取攻擊行為、保持警戒，

如果把錯歸予自己，則會變得憂鬱、更加厭惡自己，

所以才會盡量避免生氣，

彷彿不該感到生氣，或者認為生氣是不對的行為，

覺得生氣會讓自己和對方都陷入不幸。

好想把內心憤怒表現出來！

憤怒是人類自然會有的情緒能量，
不論是遇到不如意的情況，
還是自我需求受挫等，
相信任誰都不可能有好心情或感到幸福。

在人生這趟旅程中，
沒有人能實現所有願望，
因此，每個人一定都體驗過內心煎熬的滋味。

只不過每當這種時候，我們會想盡辦法壓抑憤怒，
或者選擇漠視、向後延遲。
然而，我們的情緒總是會在心中敲出明確的鐘聲，
告訴我們重新聆聽真實心聲，
叫我們不要再漠視真實心聲，
多多關懷一下那顆不舒服的心。

一般來說，「情緒化」可以有兩種解釋：

。「感受力豐富的人。」
。「情緒調節困難的人。」

感受力豐富的人，
表示有足夠的力量可以理解自己與他人：
而情緒調節困難的人，
則只要學習認知並調節情緒的方法即可改善。

因此，我們該做的事情不是壓抑、漠視、延遲情緒，
而是靜靜聆聽真實心聲並將其表達出來，
從今以後，不要再一味壓抑憤怒，
學習如何正確處理憤怒的方法即可。

不舒服情緒成因，
終究是自我內在需求。

我們之所以會生氣，其實並不是因為對方，
對方可能會刺激到我們的情緒，
卻不足以成為我們的情緒原因，
這點是需要先向大家明確說明的。

當需求受挫時，就會感到生氣，
絕對不是因為對方或當下情況。
有些父母會因為孩子頂嘴而生氣，
但如果是希望孩子勇於表達己見的父母，
面對這種情形一定會感到十分開心。
有些主管會因為組員態度消極而生氣，
但如果是希望組員可以乖乖聽話、默默跟隨自己的主管，
反而會感謝這種組員。
有些老師會因為學生沒寫作業而生氣，
但如果是真心想要幫助學生的老師，反而會感到擔憂和好奇。
所以，我們的情緒，
是在那當下根據自己想要什麼，
亦即，根據自我需求是什麼而改變的信號罷了。

所以如果無法認知自身情緒，就很容易感情用事，

然後對情況或人妄下判斷，

或者下意識地按照衝動念頭表現出情緒。

因此，理解衝動、自動浮現的想法，

對於了解或表達憤怒等情緒，是至關重要的事情。

確認自己在感到不舒服的情況下產生的念頭是什麼，

這個舉動對於擺脫偏見、調節內心憤怒是極為重要的過程。

使人採取暴力行為的「憤怒」，是屬於自己的情緒，

不是別人使我生氣，而是我自己要發火，

唯有當自己能夠對「憤怒」負責時，

才能享有更自由的人生。

試著認知心中憤怒，用正確方式表現。

所謂憤怒，是指：

- 願望受挫的信號
- 把自身情緒推卸給對方的信號
- 即將做出後悔言行的信號
- 把衝突化為機會的信號

為能準確理解憤怒並與他人進行對話，
認知自己下意識出現的想法和行為，
並且養成「能夠滿足自我需求的計畫」習慣就極為重要，
這樣就算與人有衝突，也會出現轉機，重新修復關係。

處理心中憤怒可以分以下七個階段練習：

1.回想一件令你怒火中燒的事情。

　　→朋友遲到的次數實在太多了。

2.採取的衝動行為是什麼？

　　→掛掉對方的電話直接轉身回家。

3.回想當時產生的自動化思考

　　→就是因為你不把我放在眼裡，才會讓我惱羞成怒。

　　→你本來就應該要準時赴約啊！

　　→你不應該讓我浪費時間等你。

　　→超想和你絕交的！

4.身體的感覺如何？

→後腦勺緊繃。

→怒火中燒。

→心跳加快。

5.感受到的情緒是什麼？

→非常失望。

→已經很多次了，所以覺得疲憊厭倦。

6.試著探索自己的核心需求

→遵守約定。

→尊重自己的時間與努力。

7.試著重新安排能夠滿足自我需求的計畫

→拜託對方提供一個為什麼屢屢遲到的合理解釋。

→事先預告對方自己下次也可能會晚到。

→和這位朋友見面時要隨身攜帶一本想閱讀的書籍。

→內心敏感、脆弱時，盡量避免和這位朋友約見面。

一開始可以和心愛的人練習，

接下來再和相處起來不是那麼自在的人，

用這種方式逐漸和一些關係沒那麼要好的人進行對話練習。

面對討厭的人，
不妨試著專注在自我需求上。

我知道，
試著同理不斷使自己生氣的「討厭鬼、敵人」一定很不容易，
因為相較於面對自己真心喜歡、珍惜的人，
瀰漫在心中的那股基本情緒就截然不同。

「那個人只顧自己，有夠自私。」

努力與「敵人」重新有往來，
其實並不是為了對方，
而是為了找回自己的平常心，
也是幫助自己用成熟態度去待人處事，
這麼做是絕對不會讓自己吃虧的。

和討厭的人展開對話之前，請記住以下這句話：

展現內心「憤怒」時，一定要記住：
對方錯在哪裡？→我重視的是什麼？

努力將這句話牢記在心，
就不會再一股腦地暴跳如雷，
而是選用含有自我需求的健康方式來表達。
如此一來，我們會變得更容易發現對方的需求和自我需求，
而非著眼於對方的問題及自身問題。

各位，請務必記住這一點。
需求與需求之間並不存在衝突，所以也不存在暴力，
反而是滿足自我需求的手段才會引發衝突和暴力。

抱歉時的說話方式

為何要道歉？
因為發自內心的道歉，
是找回人性的過程。

當我們對某人造成傷害時，
或者那份傷害對自己也構成痛苦時，
一定要帶著責任感，對於自己所造成的過程與結果致歉才行。
另外，不僅要努力解決失誤，
還要懂得承認自己的言行舉止，
為了找回人性，絕對需要走過這段過程。

當我們真心向對方說「對不起」時，
其實會產生足以融化人心的強大力量。

因為真正的道歉，
可以使人從受傷的過往──「彼時彼刻」跳脫出來。
世上不只存在物理流逝的時間，
我們每個人都有著停留在「彼時彼刻」感到受傷的記憶。

試著回想讓自己痛苦不已的那個人，
假設現在那個人就站在你面前，
他什麼事也沒做，就只是默默地站著，
沒有要傷害你，也沒有對你口出惡言，
但你還是很討厭他，
因為你即使看著現在的他，
還是會回想到過去那段和他一起經歷過的時光。

名為記憶、情緒的時間，其實比想像中還要強烈，
由此可見，雖然時間會流逝，
但受傷的對象會永遠困在當下那個時空當中：
換言之，我脫口而出的一句話或無心之舉，
都很可能會阻礙對方好好地活在當下，
因為過去受到的傷害，
會影響至今。

為了讓對方不要因我而受傷跌倒，
受困於過去的時光，
我們務必要發自真心地向對方道歉，
讓對方能夠健康地活在當下。

感到抱歉時，心中會出現兩種遺憾⋯⋯

1.合理化且試圖替自己辯解

有時對方明明在等我們主動道歉，
希望我們可以真心反省、有所改變，
我們卻會錯過那段黃金時間。

有時甚至會使對方更覺得受傷。

「我是不得已的，如果是你一定也會這樣做。」
「我的確對你感到抱歉，但你也有錯啊！」
「我也不想這樣，但你為什麼老是要讓我變成這種人？」

這些話都會讓內心已經受傷的人加倍痛苦，
也許在那當下，你真正想要說的並不是這些話，
就像先前提到的，
我們在痛苦的情況下往往說不出真心想說的話，
這就是沒有好好道歉時所衍生出的遺憾。

2.厭惡自己，討厭自己

我們很難原諒使自己痛苦的自我。

「難道我的能耐只有這樣嗎？」
「我真是無藥可救。」

整天沉浸在這種想法裡，厭惡自己。
隨著愈來愈討厭自己，內心也會變得愈加煎熬。
然後會投入許多時間，
專注在檢視自己、批評自己上。

對方其實希望我們可以正視他的痛苦，
我們卻忙於觀察自己、厭惡自己，
導致無暇關注對方的痛楚。

明明對方正在因為我們的言行而飽受折磨，
等待著自身傷痛可以獲得理解與安慰，
我們卻在厭惡自己的期間，
將焦點固定在自身內在，
導致無法向對方低頭道歉，
這同樣是處理罪惡感的遺憾方式之一。

自我批評，其實是內在需求的表現。

有時，我們正準備要道歉，
內心卻突然出現一把嚴格的道德尺，
阻礙我們以上述提到的道歉方式說話。
當這把尺嚴厲譴責自己時，
建議把當下的心聲全部一五一十地寫下來：

「我這樣還配當父母嗎？怎麼忍心打小孩？」
「我連禽獸都不如。」
「自己一個人生活不是很好嗎？幹嘛生個小孩自討苦吃？」

像這些話要是出自他人之口，
我們一定會馬上啟動防衛機制，並且試圖自我合理化。
然而，如果是內在進行的自我評價（Self Evaluation），
則相對安全許多，所以可以盡情地如實記錄下來。

在嚴厲苛責自己的聲音裡，
其實隱藏著想要滿足對方的需求。
比方說，想要安全守護小孩，
想要有不論任何情況都能維持平常心的能力等，
諸如此類的需求。

試著找出這份美麗的需求，向對方坦白看看，

儘管在那當下未能採取平和舉動，

也請不要否認自身內在的確存有這種需求的事實。

試著原諒自己。

我們可以一邊討厭自己，一邊深愛對方嗎？
我們有辦法對自己殘忍，卻對對方寬容嗎？
其實我們都需要對自己寬容。

人類的言行，
不論是暴力還是非暴力，
都是為了滿足某種需求而卯足全力的過程。
暫時先撇開採取行為的對或錯不談，
我們都需要先認知那份心中想要被滿足的需求與情緒，
進而深深原諒自己才行。

這絕非要你合理化自己的言行，
而是要你在對自身行為感到後悔或難過之後，
務必要安排一段理解、原諒自我的過程。

如果已經原諒自己，接下來就練習向對方坦白吧！

聚焦於對方，而不是自己，
才是道歉的開始。

該如何道歉呢？

1. 請用觀察方式描述後悔的言行舉止，向對方坦白。

→對於昨天吃飯時對你說出那句「好沒出息」，我感到十分
後悔。

2. 我的言行對對方造成了何種影響？
（試想對方的核心需求會是什麼，並向對方坦白）

→我相信，站在你的立場，一定會希望有人能夠理解你當初
為什麼不得不那麼做，而我也很想要盡可能表現出更尊重
你的態度，卻沒能做到。

3. 試著坦白自己的心情或感受。

→所以每每想起這件事情，我都會對你感到十分的抱歉、懊
悔，並深感慚愧。

4. 向對方表達自己要改變的決心，
或者詢問對方希望自己做出何種改變？

→我希望自己以後不會再衝動發言，下次聊天時我會盡量專
心聆聽，也會努力不要隨意批評，你覺得這樣如何？真的
很抱歉。

勇氣是無從租借的。

道歉是需要勇氣的事情，
因為要承認自己的缺點或失誤，並將其表達出來。
許多時候雖然內心感到抱歉卻難以表達，
而是在心中默默告訴自己：
「只要下次不再這樣就好。」
「一定要說出口嗎？對方應該可以理解我吧！」

是的，一定要說出口。
因為對方會等待你親自說那些話。

我們也總是希望對方可以主動道歉，
世上有太多人因為等不到父母的一句親口道歉，
心中一直留有受傷的疙瘩；
也有些人是因為等不到道歉而離開職場或學校。

我們每個人都會犯錯，
只要導正錯誤，就會有所成長。
因此，為了導正錯誤，
我們不能迴避，要鼓起勇氣。
那份勇氣是不能夠向其他人租借的，
沒辦法借來使用完畢再歸還給對方，
因為勇氣是要從自身內在挖掘使用。

試著閉上雙眼，想想你所珍惜的那個人，
再想像一下那個人因你的言行舉止而受傷的樣子，
然後再想想對方因你誠心誠意道歉，
而內心受到治癒、重獲自由的樣子。

我們不用討厭自己，
也可以把懊悔不已的內心感受如實告訴對方，
做出改變，
畢竟人類一直是透過失誤而成長的存在。

Chapter 5

打造健康良好關係的
分享練習

- 如何面對拒絕與被拒絕
- 好好表達拒絕的方法
- 【聆聽拒絕練習①】學會處理被拒絕
- 【聆聽拒絕練習②】理解對方為什麼要拒絕我
- 化解衝突的調解練習
- 真心傳達感謝

對話的目的不是為了自己，而是為了建構相互的關係，
當對方拒絕我的請求時，我該如何接受，
想拒絕對方的請求時，又該如何表達，
如何用和平的方式調解爭執中的人，
以及如何分享認可彼此、真心感謝的那份心意，
接下來就讓我們一起練習吧！

如何面對拒絕與被拒絕

拒絕是彼此交換真心的機會。

任何人都不喜歡被拒絕，
也不喜歡面對需要拒絕別人的情境，
雖然接受度因人而異，
但的確有人會認為拒絕是世上最困難的事情。

然而，擅長處理拒絕的人，
會明顯減少說謊的頻率，
因為就算坦白說出自己的真實想法，也不會遭受批評。

當然，拒絕並不是一件容易的事情，
但是一定要了解一項事實——
其實比起拒絕本身，
我們更常因為看待拒絕的既定觀念，
而錯失了尋找更好方法的機會。
因此，我們有必要正確了解拒絕，
並學習尋找更好結果與方法應有的態度。

只要懂得婉拒，相處就能更融洽。

父母與子女，
老師與學生，
組織裡的同事之間等等，在如此密切的關係裡，
一定要能夠自在地拒絕，關係才會細水長流。

不善於拒絕的人，往往會被認為是「乖巧的人」。
然而，回首過往自己未能鄭重拒絕的那些日子，
並不見得都滿意、開心。
因為隨著回答「YES」導致推遲自我需求的情形增多，
反而無法從事自己真正想做或該做的事情，
進而後悔自己當初為何要答應對方的請求，
或者事後再來埋怨對方怎麼會提出這種無理的請求。

如果在應該拒絕的情況下未能選擇拒絕，
- 會喪失真正該投入重要事項的時間和精力；
- 會不自覺地對提出請求者視為負擔或厭惡；
- 長遠來看，很難與對方建立健康坦率的人際關係。

拒絕並非無視對方，
而是告知對方，自己現在有更重要的事項要處理。
拒絕對方，其實蘊含著拒絕對方的要求行為，
卻也希望能夠與對方持續保持良好關係的心願。

現在一起來學習如何拒絕吧！

好好表達拒絕的方法

即使拒絕對方請求，依然可以理解對方需求。

1. 拒絕前，請無條件理解對方的核心需求

「原來你看重的是這份需求，我可以充分理解。」

○ 請嘗試保持沉默聆聽對方的請求。
○ 從對方的言談之中找出隱藏的核心需求，無條件接納包容。
○ 盡可能不要去評論對方的需求事項。

拜託我們的人一定會提出請求事項，
也就是希望我們做出某種行為，
我們可能不知道對方為什麼要提出這種請求，
甚至就連對方可能也不知道自己為什麼會拜託該行為，
只知道需要別人幫自己做什麼事情。

其實對方提出的請求只是為了滿足其自我需求的一種手段，
通常提出請求的人也不會認知到自己的核心需求，
只知道要提出特定請求或批評指責。

當我們在拒絕對方請求時，
如果對方可以理解到自己的需求，
就能用開放的心態來面對我們的拒絕或提出不同意見。

（把充電器從插座上拔下來，收進抽屜裡。──行為）
「對我來說保持整潔是很重要的事情，所有東西都應該要井然
有序。」──需求

切記，對方之所以開口，
並不是因為行為，而是需求。

2. 為了讓對方理解我的需求，必須充分說明

「我也和你一樣有自己重視的事情，要不要聽聽看？」

。試著不評價、批評對方，只表達自身核心需求。
。試著告訴對方，自己同樣也有需求。

比起斷然一句「不要」，
說明自己為什麼想要拒絕對方會讓人聽起來更舒服一些。
因此，與其用「不要」，
不如用「我很重視這些事情」來婉拒，
在想要繼續維持關係的拒絕技巧裡，這是十分重要的一環。

因為這不僅是意志上想要建立相互關係所付出的努力，
同時也是「用心找到彼此共識」的過程。

因此，與其單純用「不要」來拒絕對方，
「我是因為重視這些所以才會這樣說」，
這樣的表達方式更能夠展現明確己見，
我不是在拒絕對方這個人，
而是告訴對方，
因為我的自我需求導致無法答應對方提出的請求。

「我也仔細想了一下自己所重視的是什麼，
我覺得在家裡，東西方便使用最重要。」
—— 我的需求
「你可以理解我嗎？」

最好不要論及對方提出的行為請求，
這樣才能讓彼此全心全意專注於聆聽雙方的需求。

3. 有其他對策時請試著這樣表達

「有個方法對我們雙方都有利。」

。**尊重雙方的需求。**
。**找尋其他滿足需求的方法。**

假如對方可以充分理解我們選擇拒絕的背後需求，
也充分理解自己為何會提出請求，且我們也重視其需求，
心裡就會有接納其他方法的空間，
換言之，不論哪種方法，只要能滿足自我需求，
就會願意敞開心房，不再堅持己見。

各位不妨試想一下，
假如有其他可以滿足雙方的方法，
那還有什麼理由要拒絕呢？
然後再試著告訴對方，
對彼此都有利、可以滿足彼此需求的方法。

「親愛的，以後你幫手機充電時，可不可以順便幫我把刮鬍刀
也一起充電？
因為我經常會忘記，如果你願意幫我這個忙，我承諾以後用完
都會把插頭物歸原處。」
→這樣可以維持家裡整潔、井然有序，彼此方便又有效率。

當然，自己提議的方法不可能每次都會被對方採納，
不過只要明確說出彼此的需求，
至少不會再為對方提出要求的對錯爭執不休。

只要不去漠視彼此的需求，
就能把精力放在尋找滿足彼此需求的方法上。

4. 找不到解決對策時，該如何傳遞心聲？

「為了讓我能夠協助你，可以先幫我嗎？」

這句話真的非常重要，
適合用在自己也有意願幫助對方，
但是此時此刻幫不上忙時。

**「我很想幫上忙，
也很想知道有沒有什麼方法既能滿足我的需求又能幫助到你，
假如你有想到合適的方法，請告訴我，
我也想盡全力提供協助。」**

其實對方也是有智慧的人，
有時我們會因為固執己見而與對方起衝突，
但只要理解各自的需求，
藉由彼此的經驗與想像，就能夠找出折衷辦法。
別忘了，人類會用好奇心提問，
也有尋找解答的驚人能力。

5. 如果對方採用「心理操控」，請斷然拒絕

「那件事我幫不上忙，希望你能夠順利解決。」

有些人會不擇手段，即使讓對方心生罪惡、擔憂、愧疚，
也要讓對方按照自己想要的方式去做，
雖然有些人會基於憐憫而勉強配合，
但是同意對方使用這種手段，對彼此都不會有任何幫助。

如果這種經驗已重複上演過許多次，
然後這個人又對我們提出某項請求的話，
不妨仔細想想，這個人在你的人生中是否真的重要且必要，
如果答案是否定的，就是選擇斷然拒絕的時候了。

當你面對需要拒絕這種「心理操控者」的時候，
請嘗試練習確實做到以下兩點：

1. 向對方斷然說「No」。
   。明確表達答應對方，並不是為了對方好。
   。假如對方開始滔滔不絕，也要中途打斷。
   。詢問對方打算怎麼做（提出的方法裡不能有「我」）。

2. 明確表達對自己來說十分重要的需求。
   。不評價或批評對方，純粹表達自己的核心需求。

「那件事我辦不到，
我想要選擇自己做得到的事情，
希望你能順利解決那件事。」

複習一下表達拒絕的方法。

1. 理解對方的需求。
2. 幫助對方理解我的需求。
3. 向對方提議對策。
　　◦ 向對方提出對彼此都有利的對策。
　　◦ 接納需求，探索要求。
　　◦ 拜託對方一起尋找既能滿足我的需求也能夠解決問題的方法。

拒絕對方前，請先自我檢視。

1. 提出請求者的核心需求是什麼？我是否已經理解那份懇切之心？

2. 想要拒絕對方的自我核心需求是什麼？是否有足夠的勇氣如實表達？

3. 可曾想過即使拒絕也能滿足對方所需的方法？

4. 是否有意願與對方商討對策？

學會處理被拒絕

**「對方拒絕的是我提出請求的『行為』，
不是拒絕我的『存在』。」**

我們不僅不擅長拒絕，
也很容易因為對方拒絕自己提出的請求而感到不悅。
會認為：
「是沒有把我放在眼裡嗎？」
「所以我不重要就對了。」

許多父母、教師、職場主管，
會很抗拒子女、學生、組員回答「不要」，
甚至認為這樣是在挑戰自己的權威，或者在頂嘴、反抗。

對於拒絕產生過度反應，
在心理學領域稱「拒絕敏感症」。
這種人會把拒絕視同威脅，以自我為中心去思考，
只要想到被人拒絕，就會心生警戒，
甚至變得沒有自信，想要與人斷絕往來，
進而演變成憂鬱、焦慮、憤怒。

為了能夠好好聆聽對方的拒絕，最重要的練習是，
告訴自己，只不過是我所提出的「行為」請求遭到拒絕。

假如能將拒絕分拆成行為與存在來聆聽，
就能在保護對方與自己內心不受傷的情況下，
找尋其他解決對策。
假如能夠將對方的拒絕理解成：
是在拒絕自己所提出的方法與手段，
就會在聽到拒絕後思忖出更好的解決對策，
也能使彼此的關係延續下去。

在拒絕的過程中，存在著理解彼此需求的機會，
這就像一份禮物般珍貴。

理解對方為什麼拒絕我

試著告訴自己：「看來他也有重視的事情。」

對方為什麼要拒絕我的請求？
其實並不是因為無視於我，
而是當下他有其他更重要的需求。

聆聽拒絕，
是嘗試理解對方目前有其他更重要的需求，
假如能將對方的拒絕轉換成需求來聆聽，
就能保護自己，也能與對方維持健康關係。
對方其實並非拒絕「我」，
而是拒絕我為了滿足自我需求而提出的「手段」。

假如可以用尊重對方需求的態度來聆聽拒絕，
就會成為連結彼此關係的機會。
而自我需求受到理解的人，
即使不是現在，
有朝一日一定會答應我們的請求，
選擇提供幫助的可能性也較大。
倘若思考彼此的關係價值，
相信就會讓你收回現在立刻要讓對方答應請求的念頭。

當然，理解拒絕者的需求，
並不代表拒絕者就一定會回心轉意答應我們的請求，
但有一點是可以肯定的，
即使拒絕者未能答應我們的請求，
也會有較高的機率對我們心存感謝，
甚至會有較高的機會回頭顧及我們的心情。

一段珍貴的人際關係，要能夠細水長流，
用一顆尊重彼此的心來維繫，而非淪為一次性的關係。
拒絕別人時，任誰心裡都不好受，
因此，當自己選擇要拒絕別人時，
自然不會去討厭能夠體恤這份難受心情的人，
這便是重視關係者會做出的選擇。

聆聽拒絕過程再複習。

※首先，提出請求時，試著加入自己的核心需求。

→「我希望一家人可以有說有笑、關係緊密，所以，我們要不要每週安排一至兩小時的家庭會議？」

1.嘗試在內心理解拒絕者的核心需求。

→「一至兩小時？我很忙耶！怎麼可能有時間開那麼久的家庭會議。」

→看來他比較希望能夠自由運用時間，也很重視效率問題。（自由、選擇、效率性）

2.認可對方的核心需求，並表達出來。

→「你希望可以自由做選擇，也想找其他更有效率的方法，對吧？」

「看來你還有其他更重要的事情。」
「原來是有其他原因導致你無法答應我的請求。」
由此可見，就算聽見對方拒絕自己，
只要能理解對方的核心需求，
彼此的關係就能夠良好和平地維持下去。

換句話說，
對方拒絕我的請求，
不是不重視我，
而是在向我表達，他現在有其他更重要的需求。

我想要的人際關係通常在哪裡？

假如我比對方強，

自然可以利用自己的力量使對方屈服，

只不過，這種關係勢必會讓我們付出代價，

不論是被對方討厭，

還是被對方設計報仇，

或者被對方清算關係，

抑或是對方變得不幸，

我們卻被迫親眼目睹全程等。

因此，

批評與懲罰總是促成強迫式的解決方法，

合作與互助則會促成理解式的解決方法。

產生衝突時，
會出現的慣性處理模式。

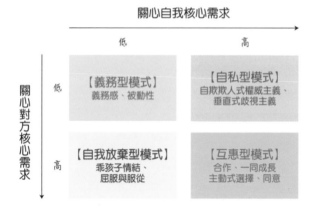

1.義務型模式

當嘗試多次都失敗，或者遭受對方打壓時，

所形成的人際關係。

像這樣淪為義務領域的關係，

會變得不再好奇對方的意圖，

也不重視自我需求，

只要盡到最少程度的角色與義務即可。

雖然問題可能會被解決，

但是在過程與結果中，

不會存在發自內心的滿足，

因為凡事都會變成理所當然該做之事，

這樣的生活不僅不快樂，也不存在選擇的喜悅。

2.自私型模式

這是屬於只關心自我需求是否被滿足的人際關係，

會用強烈方式表達，

不管用何種手段或方法，都要達成自己想要的目的，

完全不關心對方要的是什麼，因為那不關他的事。

尤其對方如果不是什麼重要角色，

可能連基本的尊重都不會表現出來，

將對方視為隨用隨丟的對象。

擁有此種信念的人會認為，

世界是被那些有權有勢的人所掌控，

既然只要掌握權力就能達到目的，他們會竭盡所能爭取實權。

3.自我放棄型模式

在缺乏自我需求認知的情況下，

努力滿足對方需求的人際關係。

過度執著於別人的需求，

自動放棄自我需求。

這不是聽命於誰，

而是自己貶低自己，以對方為重心的生活。

萬一這種人還碰巧遇上追求自私型模式的人，

其人生就很難以自己為主或者掌控選擇權。

乖巧的標籤之所以令人難過，

也許就是因為內在的價值與需求時常會被人忽略。

4.互惠型模式

起衝突時，重視彼此需求，

將找出雙方皆可滿意的解決方案擺第一的人際關係。

「怎麼做才能讓我們彼此都滿意？」

假如成長過程中，不只結果，就連過程都經常備受認可，

就比較不會只執著於結果，也會投入心力在解決衝突的過程。

我們與人建立關係的目標，

永遠是彼此關照、一同成長的互惠型關係，

即便不是每一段人際關係都如此，

但只要是重視這份價值的人，

做出的決定大致都比較合理。

化解衝突的調解練習

調解，意指協助他人建立互惠型模式的行為。

有時，我們會身處在爭吵之中的尷尬立場，
這時，我們要盡可能不偏袒特定一方，
提供當事者協助。

像許多父母就必須夾在子女中間充當這樣的角色，
許多老師同樣被要求在學生之間扮演此角色，
在團體組織裡也會以領導力為由，
期待你可以勝任這種角色。

其實對我們而言，最簡單的方式就是選邊站，
因為站在中立的位置很難解決問題，
聽雙方訴苦聽久了也自然會比較偏袒某一方，
然而，假如帶入自身情緒力挺某一方，
尊重互惠型模式並努力解決問題的力量自然會減弱。

單靠帶入情緒、同理對方，
是難以和平解決問題的。
各位不妨試著回想，無數次的戰爭和暴力，
最終都不是靠這種方式解決，
一定要能保持中立提供協助才行。

試圖了解氣呼呼的兩人各自的情緒與需求，
幫助兩人找到各自想要的合理方案，
即為調解。

因此，對話的美麗之處便在於調解。
如果希望調解能像一朵盛開的美麗花朵，
就要先充分練習好上述提及的每一種對話方式。

假如這部分進行得不是很順利，請先充分練習內在對話，
也就是花更多心力在個人對話上。

調解者不僅要時刻保有自我認知，
還要在衝突者的批評與想法之間，
縝密地找出雙方的需求與情緒。

調解方法有哪些？

1.幫助彼此從互相批評中找出隱藏的情緒與需求

我們總是細究責任歸屬、誰是誰非的問題，
所以即使夾在起爭執的兩人之間，
也會自動化身成裁判，習慣性地說出這些話：

「我覺得你也有錯。」
「這就是他不對了。」

倘若雙方都認為自己沒有錯，就會僵持不下。
而夾在中間的我們，
努力找出誰才是該被指責的對象是毫無意義的，
反而會招來某一方的敵對結果。

如果你已下定決心要協助兩人化解糾紛，請務必記住：

不是劈頭就問：「誰先做的？」
「為什麼要這樣做？」
而是要問：**「內心覺得如何？」**
「你想要的是什麼？」

。提醒雙方彼此都有公平的發言機會。
。讓兩人輪流發言，並充分聆聽他們的訴求。

事先規定時間也是個不錯的方法。
聆聽雙方說話時，要專注在發言者的情緒和需求，
即使是一些批評對方、替自己辯解的內容，
依然要找出其真實感受與需求。

「您說您是被對方氣到不得已只好咆哮、摔東西，看來您當時一定感到極度鬱悶，希望能被人理解自己為什麼要做出如此激動的行為，對吧？」

最終，指向對方的批評，皆為自身的請求。
爭吵中的人們往往會把矛頭指向對方，
可是最終那些都是在表達自己的需求受挫，
所以我們要重新找出那些需求，讓彼此聽見，
如果雙方聽得見彼此的需求而非批評，
自然會改變一些心意。

2.引導雙方依聽到的內容如實說出對方的需求與情緒

假如想幫雙方化解衝突，
調解者千萬不要率先提出解答或輕易說教，
應該要讓當事人如實反映自己所聽到的（對方）需求與情緒，
幫助雙方有效理解彼此的真實心聲，這點更為重要。

。**調解者對A表示**

> 調解者 「B說他真的非常難過又鬱悶，希望有人能體諒。您
> 　　　 方便把剛聽到的內容複述一遍嗎？」
> A 「B很難過、鬱悶，想要被人體諒。」
> 調解者 「B，請問A說的對嗎？」
> B 「是的，沒有錯。」

。**調解者對B表示**

> 調解者 「A說他很傷心、很困惑，想要和平解決現在的僵
> 　　　 局。您方便把剛聽到的內容複述一遍嗎？」
> B 「A很傷心、很困惑，想要和平解決問題。」
> 調解者 「A，請問B說的對嗎？」
> A 「是的，沒有錯。」

。調解者對A、B表示

> 調解者 「感謝兩位都有按照聽到的內容說出彼此的感受與需求。現在，兩位既然都了解彼此的心情和想法，對於先前雙方的言行舉止就不要太在意了吧？」

→假如雙方又開始自顧自地說著自身想法，
調解者可以再次觀察發言者的情緒與需求，並且重複上述的過程。

身為調解者，你需要記住以下三件事：

1. 不論任何情形，調解者都要專注雙方的情緒和需求，而非脫口而出的話語。
2. 輪流詢問兩方：「方便把剛聽到的內容（情緒與需求）複述一遍嗎？」
3. 如果當事人願意配合，可以用「感謝您的配合」來示意。

3.為了滿足彼此需求，支援相互行為

當自我需求、心願都能被人理解時，
我們會從自我防衛、攻擊式的態度中重獲自由，
也會變得能夠關心對方的需求。
切記，透過以下兩種提問，讓雙方擺脫批評指責，
找出以彼此需求為基礎的解決方案，
這樣的引導過程，正是透過調解所達到的創新解決方法。

「讓我們重新觀察彼此的需求。
B想要被人理解，A想要和平解決問題，
那麼，兩位想要對彼此提出何種建議？」

「我希望A可以不要離開位子，好好聽我說話。」
「我希望B可以不要再摔東西或咆哮，很可怕。」

→調解者一定要確認雙方對於對方提出的方案接納度有多高。
→只要有一方展現排斥，就要重新協調。
→直到雙方達成共識為止，重複協調彼此的需求與解決方案。
→切記調解的最終目標是達到讓雙方需求都能被滿足的互惠型
　模式。
→不要想匆匆解決問題。

讓關係修復的調解過程

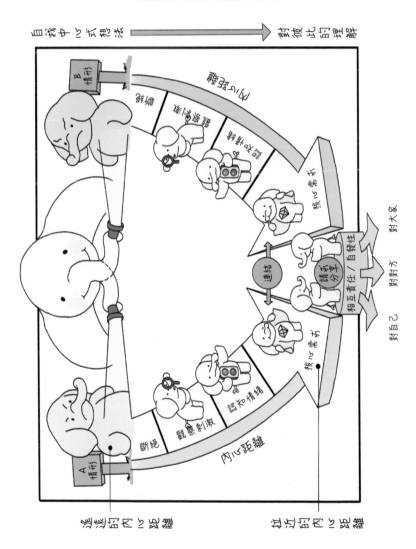

225

關於「調解」的總整理。

人生在世，不可能避免所有糾紛，
我們能夠做的努力，是練習處理糾紛的技巧，
然後盡可能在保護彼此需求的前提下解決問題。

然而，當各自的利益與信念對立時，問題就會難以解決，
甚至其中一方勢必得要犧牲才會有結果，
有時我們也會無法避免這種情形，
但大部分都能找到更和平、對彼此都有利的解決方案。
調解有著拉近彼此內心距離的力量，
幫助雙方和解，站在理解彼此的基礎上解決問題。
調解者只要能好好保持中立，
仔細聆聽雙方對彼此的批評與指責，
從中找出各自的核心需求，
然後將雙方的核心需求放入彼此心中，問題就會迎刃而解。

基於同理的調解方式，會達到理性解決問題的境界，
因為是以各自對自身行為負責並達成協議，
不是強迫式或義務式的解決問題，
所以不會有副作用。

真心傳達感謝

我們都有可以讓彼此人生幸福的酷炫能力。

當人生因某人的努力與奉獻而變得豐富幸福時，
我們會擁有一顆感恩的心。

仔細回想，
我們的人生其實一直是因某人的努力與奉獻而延續至今，
小時候全靠父母或監護人的努力與奉獻，
求學時期在老師與朋友關係中亦是如此，
成年後的現在，環顧四周，
某人的努力與奉獻依舊無所不在。

但我們常在日常生活中感受不到感謝。

有時，我們還會抱怨沒有一件事情值得感謝，

不論怎麼想都想不到值得感謝、感恩的事情。

當然，當我們感到疲憊艱困時，

或者遭人欺負時，

被要求過度犧牲時，

自然會因為承受的痛苦太大，

而難以認知到感謝之心。

然而，即使在沒有莫大痛苦的平凡日常裡，

仍然找不到感念之情，這又是為何呢？

在我看來，感謝的相反概念，

無非是自動化思考當中的「視為理所當然」。

因此，我們要學習的人生態度，

不是找出還有哪些不足、欠缺哪些東西，

而是努力發掘自己已經享有的無數種細瑣恩惠，

以及早就裝載於我們內在的人性美麗面貌。

區分需求與欲望，體驗感謝之情。

我們擁抱著名為「愛」的需求生活，
試著回想過去那些被愛的日子。

孩子對著我露出天真無邪笑容時；
爸爸對著我冰冷的雙手哈氣、為我取暖時；
心愛的人為了生病的我飛奔而來時；
奶奶煮好吃的食物特地送來給我時；
還有在火車準備離站時與我揮手道別的朋友……

也就是一些沒有投入太多物質性費用，
卻能夠留在心中一隅的那種感人記憶。

物質的確是很容易滿足需求的資源，
但只有物質是無法滿足我們需求的；
有時金錢與物質不僅無法滿足需求，
還容易成為使人追逐欲望的手段。
需求雖然是我們的基本需要，
但如果我們對這份需求心生貪念，
不斷想要的話，就會變成欲望。

欲望裡沒有滿足，只有不足，
需求裡則有滿足，也有充足。

我的意思並不是不需要物質，
而是儘管物質不多，也不要放棄需求，
不要因為沒錢而放棄需求，
因為人生中真正的需求，
是不需要靠大筆金錢也能滿足的；
名為「愛」的需求曾被滿足過的那一刻，就是最佳證明。

試著回想給過各位「愛」的那個人吧，
然後揚起一抹微笑，對那個人說聲：「謝謝。」

懂得自我認可，
就能成為感謝的資源。

感謝是認可自己與他人的力量，
但是我們往往只會想要得到他人的認可，
不太會去認可他人。

名為「認可」的這項需求，在人生中是極為重要的需求，
有時甚至會使我們的人生變得非常疲憊。
但我們為什麼要從外部、他人尋求認可呢？
明明就連自己都不認可自己了，
為什麼要帶著一定要獲得他人認可的想法過生活呢？

起始點永遠來自我們的內在，
要先愛自己、認可自己才行。

如果過去一直過度專注在自身弱點與缺點，
從今以後，不妨試著連小小努力、成就、結果都給予認可，
不論其他人知道或不知道，都不重要，
試著找出自我認可的地方，並把它說出來。

懂得自我認可的人，
也會培養出認可他人的能力。
切記，認可不是只能向外部或其他人尋求，
唯有在自身內部滿足這份需求時，才會屹立不搖。

「我很棒。」
「做到這樣就很足夠了。」
「一定要記得自己付出多少努力。」
「在一切過程中都有所收穫，有學習也有成長。」
「不是運氣好，是因為我夠努力才會成功。」
「我本來就是個非常不錯的人。」

感謝是從觀察中發掘，
並藉由表達連結。

我們很容易用正向評價對方，給予稱讚，
甚至就連自己不喜歡的人，也誇得下去，
當然，發自真心的讚美能夠給對方帶來莫大力量，
然而，一直以來，
稱讚大多用在縱向關係上，很難擺脫帶有評價的意味，
有時甚至還有操控的意圖，促使對方做出特定行為。

因此，從現在起，
我們一起練習不再用模糊的方式稱讚，
一邊維持橫向關係，
一邊透過觀察發現彼此的行為，
再練習向對方表達心中那份感謝。

。**試著將對方值得感謝的所作所為表達出來。**
→「我加班的那天，你不是煮了味噌湯、煎荷包蛋嗎？我知道你應該也很累了，卻還替我著想，叫我要記得吃完早點休息。」

。**試著將多虧對方才得以滿足的需求與情緒表達出來。**
→「那天我真的非常需要安慰，因為一整天沒有吃飯都在工作，肚子真的很餓。幸虧有你照顧我，非常感謝你，感覺心暖暖的。」

。試著告訴對方在自己的人生中代表著什麼意義。

→「我也想要在你辛苦時照顧你、陪伴你，像現在這樣為彼此著想，我認為這樣一起過日子是最重要的。」

。詢問對方聽完這些話以後有何感想。

→「親愛的，你聽完我的真心話之後有什麼感想？」

有時，感謝令人既害怕又尷尬。

我曾與無數學員訓練過對話的方法，
我們一同歡笑一同哭泣，
學員們的眼淚盈眶，
有時會因為憶起過世的父母而留下後悔的眼淚；
想起辛苦的父母而流下抱歉的眼淚；
想到未能對孩子們付出更多而流下不捨的眼淚；
對於專挑錯誤指責的過往感到痛心不已；
後悔自己過去總是將美好視為理所當然，放大不滿。
如果請學員將這些心情暫時拋諸腦後，
寫下或者說出對家人的感謝之情，
大夥兒就會露出尷尬笑容，表示很困難。
這時，我會請大家一起放聲閱讀以下這段文字：

「如果不認同我們的學習內容，大可不必照做，
但如果是因為尷尬，請試著去克服。」

各位，試著練習對話吧，
練習藉由內在對話更加愛惜自己，
然後以明確的自我理解為基礎和其他人對話。
減少與心愛之人後悔的日子，
更加相親相愛、幸福美滿地過生活，
這就是為什麼我們要學習與人溝通。

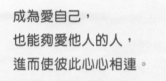

成為愛自己，
也能夠愛他人的人，
進而使彼此心心相連。

請記住：反覆訓練自己的對話能力

愈走愈踏實的階梯

第1階段：無意識、無技術（Unconscious、Incompetence）

寶寶滿週歲以後，就會開始不斷嘗試走路，

這時的孩子無法理解為什麼鞋子需要繫上鞋帶，

因此，每次幫孩子穿上鞋子後，他們就會迫不及待馬上衝出去，

沒有為什麼要繫鞋帶的意識，也沒有繫鞋帶的技術。

第2階段：有意識、無技術（Conscious、Incompetence）

等孩子再大一點，走得比較穩了以後，

鞋帶都還沒完全繫好，就會急著想要離開位子，

然後一不小心，碰！摔倒了，

才會知道「哦，應該要繫好鞋帶的」，

終於明白為什麼需要把鞋帶繫好，卻仍缺乏繫鞋帶的技術。

第3階段：有意識、有技術（Conscious、Competence）

因此，孩子開始會望著母親，等待大人協助繫鞋帶。

自此之後，孩子每次要出門，就會有要繫鞋帶的意識，

然後再按照自己所見所學，歷經多次嘗試與失敗，

逐漸練就繫鞋帶的技術。

第4階段：無意識、有技術（Unconscious、Competence）

通過這一連串的過程，孩子就會變得不用再刻意去意識，
也能熟能生巧地自行繫好鞋帶再出發。

對話雖然也和繫鞋帶的過程相似，
卻有些微不同。
我們一旦熟悉繫鞋帶的技巧，
就不會再喪失那項能力，
但對話技巧是屬於會突然喪失的能力，
因此，就好比在階梯上上下下訓練腿部肌肉一樣，
對話能力也需要透過成功、失敗來不斷鍛鍊。

各位現在處於這條階梯的哪個位子呢？
想要通往哪裡？
即使向下走也不代表失敗，向上走也不代表成功，
內心與能力的堅忍不拔，才是最大的成功，
就好比透過上上下下變結實的腿部肌肉一樣。
因此，希望各位不要放棄，
一起更上一層樓。

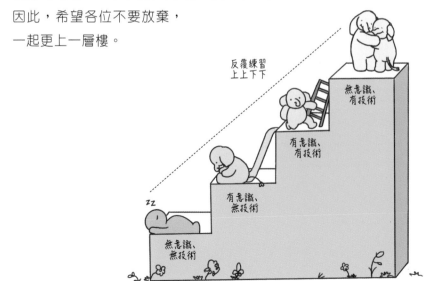

練習表：覺察自動化思考帶來的情緒

自動化思考	與想法區分的情緒
被遺棄	恐懼、悲傷、孤獨
受到虐待	害怕、無力、悲慘
不被認可	傷心、委屈、頹喪
受到攻擊	害怕、畏縮、暴怒
受到背叛	憤怒、失望、頹喪
受到批評	恐懼、不安、畏縮
受到霸凌	不安、孤獨、恐懼
受到拘束	煩悶、心煩
受到欺騙	失望、委屈、憤怒
被人討厭	孤獨、悲傷、失落
受到懷疑	絕望、委屈
受到輕視	失落、憤怒、尷尬
受到污辱	生氣、丟臉、無力
受到妨礙	心煩、煩躁
受到威脅	不安、恐懼、擔憂
被人誤會	不舒服、傷心、委屈

自動化思考	與想法區分的情緒
受到打壓	無力、困惑
被人剝削	生氣、疲累、挫折
被過度保護	厭煩、無力、煩人
被人挑釁	心煩、煩躁
被人施壓	悲傷、煩悶、頹喪
被人拒絕	畏縮、失落
被人誆騙	憤怒、失望、擔憂
感到窒息	恐懼、急切
被視為理所當然	悲傷、失落、失望
受到脅迫	害怕、恐懼、畏縮
被人蹂躪、踐踏	無力、挫折
不被人愛	悲傷、孤獨、悲慘
不被支持	無力、悲傷、孤獨
被人利用	不安、委屈、悲傷
被人侵害	混亂
被不當對待	委屈、心煩、憤怒

情緒感受清單

需求被滿足時的 內心信號（感受）		需求未被滿足時的 內心信號（感受）	
舒適	平靜	暴怒	忐忑不安
寬容	精力充沛	生氣	不耐煩
生氣蓬勃	著迷	冷若冰霜	頹喪
放鬆	感興趣	委屈	煩躁
鎮靜	顫抖	不高興	困惑
安心	愉快	焦慮	混亂
好奇	痛快	急躁	不安
靜默	驚訝	失落	彆扭
從容	感激	悲傷	麻木
欣慰	振奮	失望	僵化
滿意	充滿勇氣	無力	寂寞
感恩	舒爽	孤單	擔憂
感謝	充實	痛苦	憂愁
高興	舒暢	悲慘	緊張
踏實	滿足	惘然	震懾
親切	自豪	空虛	驚訝
溫和	酥麻	恐懼	羞愧
幸福	開心	害怕	挫折
害羞	輕鬆	疲累	心煩
快樂	清爽	疲憊	可惜
飄飄然	愉悅	無聊	畏縮
興奮	充滿期待	沮喪	思念
充滿希望		遺憾	

◎感受是需求被滿足時或需求未被滿足時，內心發出的信號。

需求清單（需求＝情緒的原因及生活動力）

生存的需求：身體、情緒、安全

空氣、飲食、水、居住、休息、睡眠、身體接觸（肌膚接觸）、性表現、身體安全、情緒安定、經濟穩定、舒適、依附形成、自由活動、運動、健康、樂活、受照顧、受保護

社會的需求：歸屬感、合作、愛

親密關係、紐帶關係、溝通、聯結、關懷、尊重、相互性、同理、理解、接納、支持、合作、協助、感謝、愛情、關心、友情、親近、分享、體恤、歸屬感、團體、相互依存、寬心、安心、安慰、慰勞、信任、確信、可預測、一貫性、參與、誠實、職責、責任、平和、從容、美麗、指導、成就、共享、彈性、照顧對方、保護對方

權力的需求：成就、認可、自尊

平等、秩序、協調、自信心、自我表現、自我信任、受人重視、有能耐、能力、存在感、公正、公平、真誠、透明、正直、真實、認可、一致、個性、熟稔、專業性、自我尊重、正義、有意義

自由的需求：獨立、自律、選擇

生產、成長、創造性、療癒、選擇、承認、自由、自主（擁有自己的見解或思想）、自律、獨立、獨處時間

玩樂的需求：遊戲、學習

樂趣、遊戲、自覺、挑戰、領悟、明瞭、學習、刺激、發現

生活意義的需求：靈性、人生讚揚

意義、人生禮讚（慶祝、哀悼）、愛、願景、夢想、希望、心靈交感、靈性、靈感、尊嚴、貢獻

---

*　參考：威廉・葛拉瑟（William Glasser），現實治療法五大基本需求（生存、愛與歸屬、求權、自由、玩樂）；馬歇爾・盧森堡（Marshall B. Rosenberg），非暴力溝通需要列表。